中1 5科

サクッと three minutes 3分間ドリル もくじと記録

正解数までぬっていこう！
► 1 2 3

1回分が終わったら、学習日と成績を記録しましょう。

裏に続きます。↓

↓ 続き。

30	数学	関数／比例／反比例	1 2 3 4 5 6 7 8
31		座標／比例のグラフ	1 2 3 4 5 6 7 8
32		反比例のグラフ	1 2 3 4
33		直線と角／図形の移動	1 2 3 4 5 6
34		基本の作図／円とおうぎ形	1 2 3 4
35		いろいろな立体	1 2 3 4 5 6 7
36		立体の表面積と体積	1 2 3 4 5
37		データの活用	1 2 3 4 5 6 7 8
38		まとめテスト	/100点
39	国語	漢字の読み①	1 2 3 4 5 6 7 8 9 10
40		漢字の読み②	1 2 3 4 5 6 7 8 9 10
41		漢字の書き①	1 2 3 4 5 6 7 8 9 10
42		漢字の書き②	1 2 3 4 5 6 7 8 9 10
43		漢字の成り立ち	1 2 3 4 5 6 7 8 9 10 11 12
44		部首・画数	1 2 3 4 5 6 7 8 9 10 11 12 13 14 15 16
45		言葉の単位	1 2 3 4 5 6 7 8 9 10
46		文の組み立て①	1 2 3 4 5 6 7 8 9 10
47		文の組み立て②	1 2 3 4 5 6 7 8 9 10
48		単語の分類①	1 2 3 4 5 6
49		単語の分類②	1 2 3 4 5 6 7 8 9 10
50		単語の分類③	1 2 3 4 5 6 7 8 9 10
51		指示語	1 2 3 4 5 6 7 8 9
52		接続語	1 2 3 4 5 6 7 8
53		歴史的仮名遣い	1 2 3 4 5 6 7 8 9 10
54		助詞の省略	1 2 3 4 5
55		古文の読解①	1 2 3 4
56		古文の読解②	1 2 3
57		まとめテスト	/100点
58	理科	生物の観察と分類	1 2 3 4 5
59		花のつくりとはたらき	1 2 3 4 5 6 7 8 9 10
60		植物の分類	1 2 3 4 5 6 7 8 9 10
61		動物の分類①	1 2 3 4 5 6 7 8
62		動物の分類②	1 2 3 4 5 6
63		身のまわりの物質とその性質	1 2 3 4 5
64		気体の発生と性質①	1 2 3 4 5 6 7

次のページに続きます。↓

↓続き。

65		気体の発生と性質②	/	1 2 3 4 5 6 7 8
66		水溶液の性質	/	1 2 3 4 5 6
67		物質の状態変化	/	1 2 3 4 5 6 7 8
68		光の反射・屈折	/	1 2 3 4 5 6 7
69		凸レンズのはたらき	/	1 2 3 4 5
70	理科	音の性質	/	1 2 3 4 5 6 7 8
71		力のはたらき	/	1 2 3 4 5
72		力のつり合い	/	1 2 3 4 5 6 7
73		火山活動と火成岩	/	1 2 3 4 5 6 7 8 9
74		地震の伝わり方	/	1 2 3 4 5 6 7 8
75		地層と過去のようす	/	1 2 3 4 5 6 7
76		まとめテスト	/	/100点
77		世界の姿	/	1 2 3 4 5 6
78		緯度と経度，時差，世界地図	/	1 2 3 4 5 6 7 8
79		日本の姿	/	1 2 3 4 5 6 7 8 9
80		世界各地の人々の生活と環境	/	1 2 3 4 5 6 7
81		世界の諸地域　アジア	/	1 2 3 4 5
82		世界の諸地域　ヨーロッパ	/	1 2 3 4 5
83		世界の諸地域　アフリカ	/	1 2 3 4 5
84		世界の諸地域　北アメリカ	/	1 2 3 4
85		世界の諸地域　南アメリカ	/	1 2 3 4 5
86	社会	世界の諸地域　オセアニア	/	1 2 3 4 5 6
87		日本の自然環境	/	1 2 3 4 5 6 7
88		文明のおこり	/	1 2 3 4 5 6
89		旧石器時代～弥生時代	/	1 2 3 4 5
90		古墳時代	/	1 2 3 4 5
91		飛鳥時代～奈良時代	/	1 2 3 4 5 6
92		平安時代	/	1 2 3 4 5 6 7 8
93		平安時代～鎌倉時代	/	1 2 3 4 5
94		室町時代	/	1 2 3 4 5 6
95		まとめテスト	/	/100点

●解答は巻末にあります。

成績を記録しておくと，
ニガテなものがすぐにわかるね～

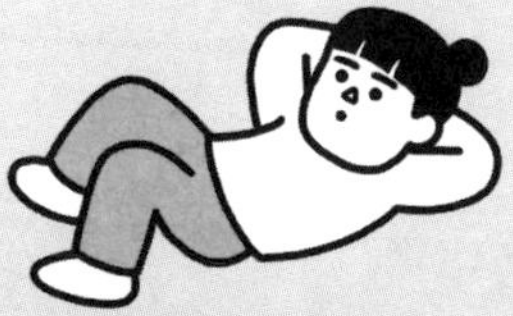

ニガテ科目診断チャート

下のチャートに，まとめテストの得点を記入しましょう。
まず，チャートの中心からめもりを数えて，自分の各教科の得点部分に印をつけましょう。
その後，印を線で結びましょう。

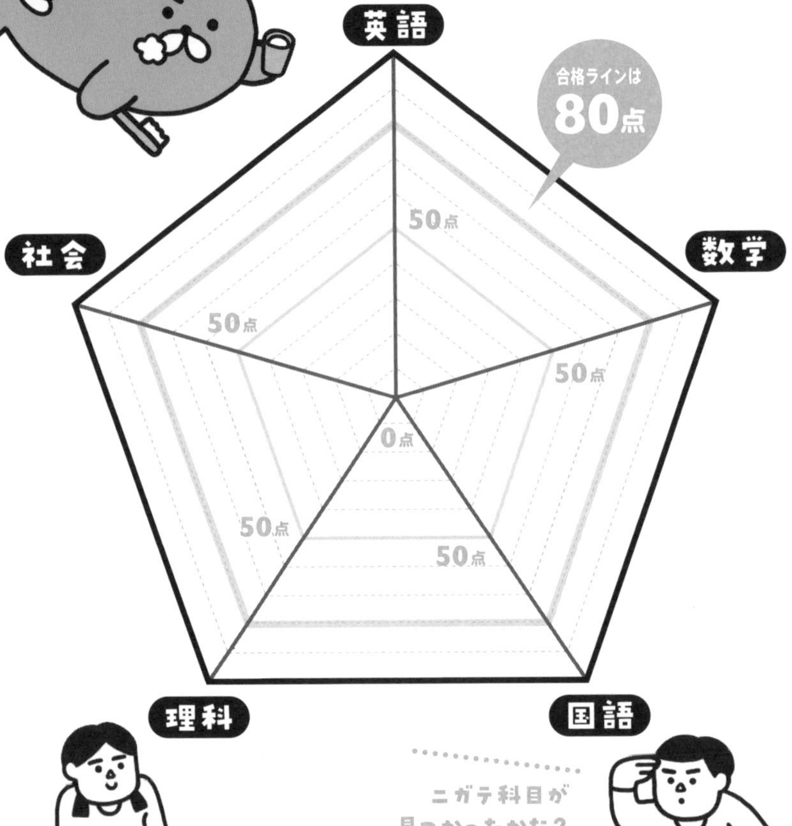

ニガテ科目が
見つかったかな？

01 I am ～. / You are ～. の文

月　　日

7問中　　問正解

I　(　　　)に適する語を入れて日本文に合う英文にしましょう。

(1) (　　　　)(　　　　) Kenji.

私は健二《けんじ》です。

★ (2) (　　　　) in the science club.
科学部

私は科学部に入っています。

(3) (　　　　)(　　　　) Mr. Brown.

あなたはブラウン先生です。

★ (4) (　　　　) very kind.

あなたはとても親切です。

(5) I (　　　　)(　　　　) fourteen.

私は14歳《さい》ではありません。

★ (6) (　　　　)(　　　　) from Sydney?

— Yes, (　　　　)(　　　　).

あなたはシドニー出身ですか。— はい，そうです。

★ (7) (　　　　)(　　　　) a high school student?

— No, (　　　　)(　　　　).

あなたは高校生ですか。— いいえ，違《ちが》います。

★ ❶(2)(4) 空所の数から，短縮形を入れる。
★ ❶(6)(7) 答えの文では，主語が変わることに注意。

This[That] is ～. の文

月　　日

8問中　　問正解

1 (　　) に適する語を入れて日本文に合う英文にしましょう。

(1) (　　　　) (　　　　) my new bike.
これは私の新しい自転車です。

(2) (　　　　) (　　　　) a library.
あれは図書館です。

(3) (　　　　) our school.
あれは私たちの学校です。

(4) Ann, (　　　　) (　　　　) my brother, Ken.
アン，こちらは私の兄の健《けん》です。

(5) (　　　　) is (　　　　) an orange.
これはオレンジではありません。

(6) That (　　　　) Bill's house.
あれはビルの家ではありません。

★ (7) (　　　　) (　　　　)your bag?
— Yes, (　　　　) (　　　　).
これはあなたのかばんですか。— はい，そうです。

★ (8) (　　　　) (　　　　)a bird?
— No, (　　　　) (　　　　).
あれは鳥ですか。— いいえ，違《ちが》います。

★ **1**(7)(8) 答えの文では，主語が変わることに注意。
★ **1**(8) 答えの文では，it is を短縮形にしても，is not を短縮形にしてもよい。

03

be 動詞③

He[She] is ～. の文

月　日

7問中　問正解

1 （　）に適する語を入れて日本文に合う英文にしましょう。

(1) This is my brother. (　　　) is a high school student.

こちらは私の兄です。彼《かれ》は高校生です。

(2) That is Kate. (　　　) is from Canada.

あちらはケイトです。彼女《かのじょ》はカナダ出身です。

★ (3) (　　　) my English teacher.

彼女は私の英語の先生です。

(4) My dog (　　　)(　　　) big.

私の犬は大きくありません。

★ (5) (　　　) not in the classroom.

彼は教室にいません。

(6) (　　　)(　　　) a famous《有名な》 singer?

— Yes, (　　　)(　　　).

彼は有名な歌手ですか。— はい，そうです。

★ (7) (　　　)(　　　) at home?

— No, (　　　)(　　　).

彼女は家にいますか。— いいえ，いません。

★ 1(3)(5) それぞれ短縮形を答える。
★ 1(5)(7) be 動詞は，「～にいる［ある］」という意味も表す。

一般動詞①

04 I play ～. の文

月　日

7問中　問正解

1 右の囲みの中から適する語を選び，(　　) に書きましょう。

have
know
live
play

(1) I sometimes (　　　　) basketball.

私はときどきバスケットボールをします。

(2) I (　　　　) his phone number.
電話番号

私は彼《かれ》の電話番号を知っています。

(3) You (　　　　) a lot of comic books.

あなたはまんが本をたくさん持っていますね。

2 (　　) に適する語を入れて日本文に合う英文にしましょう。

★ (1) I (　　　　)(　　　　)(　　　　) dogs very much.

私は犬があまり好きではありません。

★ (2) I (　　　　)(　　　　) the guitar.

私はギターをひきません。

(3) (　　　　)(　　　　) speak Chinese?

— Yes, (　　　　)(　　　　).

あなたは中国語を話しますか。— はい，話します。

(4) (　　　　) you usually (　　　　) up at six?

— No, (　　　　)(　　　　).

あなたはたいてい 6 時に起きるのですか。

— いいえ，起きません。

★ 2(1) not ～ very much は「あまり～ない」という意味。
★ 2(2) 空所の数から，短縮形を使う。

05 He likes ～. の文

月　日

7問中　問正解

1 次の英文を，▶に続く指示にしたがって書きかえましょう。

(1) I like sports.　▶ 主語を Lisa にかえて

→ Lisa (　　　　) sports.　(リサはスポーツが好きです。)

(2) I study math.　▶ 主語を He にかえて

→ He (　　　　) math.　(彼《かれ》は数学を勉強します。)

(3) I watch TV at nine.　▶ 主語を She にかえて

→ She (　　　　) TV at nine.　(彼女《かのじょ》は 9 時にテレビを見ます。)

★ (4) I have a cat.　▶ 主語を Ken にかえて

→ Ken (　　　　) a cat.

2 (　　) に適する語を入れて日本文に合う英文にしましょう。

(1) My sister usually (　　　　) to bed at eleven.

私の姉は11時に寝《ね》ます。

★ (2) Sam (　　　　)(　　　　) this computer《コンピューター》.

サムはこのコンピューターを使いません。

(3) (　　　　) your brother (　　　　) soccer?

— No, he (　　　　).　But he (　　　　) tennis.

あなたのお兄さんはサッカーをしますか。

— いいえ，しません。でも彼はテニスをします。

★ **1**(4) 主語が 3 人称単数《にんしょうたんすう》のときの動詞の形に注意。have は特別な形になる。
★ **2**(2) 空所の数から，短縮形を使う。「～を使う」は use。

主語が複数の文

月　日

7問中　問正解

1 次の英文を，▶に続く指示にしたがって書きかえましょう。

★ (1) I am from Osaka. ▶主語を We にかえて

→ We (　　　) from Osaka. (私たちは大阪《おおさか》出身です。)

(2) He is very kind. ▶主語を They にかえて

→ They (　　　) very kind. (彼《かれ》らはとても親切です。)

(3) She helps me. ▶主語を複数形にかえて

→ (　　　)(　　　) me. (彼女《かのじょ》たちは私を手伝います。)

2 (　　) に適する語を入れて日本文に合う英文にしましょう。

(1) We (　　　)(　　　) sisters.

私たちは姉妹《しまい》ではありません。

★ (2) (　　　) these your books?

— Yes, (　　　)(　　　).

これらはあなたの本ですか。— はい，そうです。

(3) My parents (　　　)(　　　) tennis.

私の両親はテニスをしません。

(4) (　　　) you (　　　) Chinese at school?

— No, (　　　)(　　　).

あなたたちは学校で中国語を勉強しますか。

— いいえ，しません。

★ 1(1) We は I の複数形。be 動詞の形に注意する。
★ 2(2) these は this の複数形。答えの文の主語に注意する。

疑問詞①

what

月　日

7問中　問正解

I　(　　) に適する語を入れて日本文に合う英文にしましょう。

(1) (　　　　) is this? — (　　　　) is an eraser.

これは何ですか。— それは消しゴムです。

★ (2) (　　　　) that? — (　　　　) a school.

あれは何ですか。— それは学校です。

(3) (　　　　)(　　　　) these? — (　　　　) cookies.

これらは何ですか。— それらはクッキーです。

(4) (　　　　)(　　　　) you have in your bag?

— I (　　　　) a new DVD.

あなたはかばんの中に何を持っていますか。

— 私は新しい DVD を持っています。

(5) (　　　　)(　　　　)(　　　　) she like?

— She (　　　　) blue.

彼女《かのじょ》は何色が好きですか。— 彼女は青色が好きです。

(6) (　　　　)(　　　　) is it? — (　　　　) three thirty.

何時ですか。— 3 時30分です。

★ (7) (　　　　)(　　　　)(　　　　) you get up?

— I (　　　　) up at six.

あなたは何時に起きますか。— 私は 6 時に起きます。

★ I(2) 空所の数から短縮形を入れる。

★ I(7)「～時に」は，時刻の前に at を入れる。

08 where / when / who

月　　日

7問中　　問正解

1 右の囲みの中から適する語を選び，（　　）に書きましょう。

Where
When
Who

(1)（　　　　）is that man? — He is my teacher.

(2)（　　　　）is Bob's birthday? — It's May 10.

(3)（　　　　）is my key《かぎ》? — It's on the desk.

2（　　）に適する語を入れて日本文に合う英文にしましょう。

(1)（　　　　）（　　　　）Mr. Kato live?

— He（　　　　）in Yokohama.

加藤《かとう》先生はどこに住んでいますか。— 彼《かれ》は横浜《よこはま》に住んでいます。

★ (2)（　　　　）（　　　　）you practice basketball?

—（　　　　）school.

あなたはいつバスケットボールを練習しますか。— 放課後です。

★ (3)（　　　　）（　　　　）chocolate? — Jane does.

チョコレートが好きなのはだれですか。— ジェーンです。

(4)（　　　　）（　　　　）Andy? — He's（　　　　）his room.

アンディーはどこにいますか。

— 彼は自分の部屋にいます。

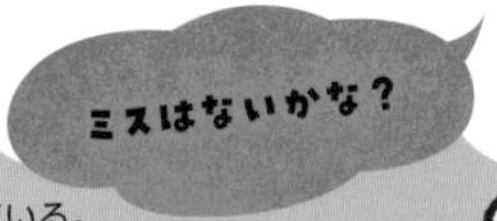

★ 2 (2) 答えの文では〈主語＋動詞〉が省略されている。
★ 2 (3) Who が主語の文。Who は 3 人称《にんしょう》単数《たんすう》扱《あつか》いなので，動詞の形に注意。

09 which / whose

月　　日

7問中　　問正解

1 右の囲みの中から適する語を選び，(　　)に書きましょう。(同じ語を2回選んでもかまいません。)

Whose
Which

(1) (　　　　) is your desk? — This one.

(2) (　　　　) bag is this? — It's mine《私のもの》.

(3) (　　　　) bag do you use? — I use this red one.

2 (　　)に適する語を入れて日本文に合う英文にしましょう。

★ (1) (　　　　) is that nice bike? — It's my (　　　　).

あのすてきな自転車はだれのですか。— それは私の兄のです。

(2) (　　　　)(　　　　) do you want? — That blue one.

あなたはどちらのノートがほしいですか。— あの青いのです。

(3) (　　　　)(　　　　) is that? — It's Mr. Brown's.

あれはだれの家ですか。— それはブラウン先生のものです。

★ (4) (　　　　) bus (　　　　) to the hospital《病院》?

— Take Bus No. 3.

どのバスが病院へ行きますか。— 3番のバスに乗ってください。

★ 2(1) 名詞で「〜のもの」というときは，その名詞のあとに〈's〉をつける。
★ 2(4)「どのバス」は3人称単数扱《にんしょうたんすうあつか》いなので，動詞の形に注意。

how

1 右の囲みの中から適する語を選び，（　　）に書きましょう。

(1) How (　　　　) are you? — I'm fourteen.

(2) How (　　　　) is this? — It's five dollars.
ドル（通貨単位）

(3) How (　　　　) books do you have?
— About twenty.

much
many
old

2 （　　）に適する語を入れて日本文に合う英文にしましょう。

(1) (　　　　) are you? — (　　　　) good, thanks.
元気ですか。— 私は元気です，ありがとう。

★ (2) (　　　　) do you go to the station? — (　　　　) bus.
あなたはどうやって駅へ行きますか。— バスでです。

(3) (　　　　)(　　　　) the weather in Tokyo?
— (　　　　) rainy and cold.
東京《とうきょう》の天気はどうですか。— 雨が降って寒いです。

★ (4) How (　　　　) is your school? — About fifty years old.
あなたの学校は創立何年ですか。— 約50年です。

★ (5) How (　　　　)(　　　　) do we need? — We need two.
私たちは箱が何個必要ですか。— 2 個です。

★ 2(2) 手段をたずねる文。
★ 2(4)(5) 数をたずねる文。名詞の形にも注意する。

命令文 / Don't ～. / Let's ～.

月　日

8問中　問正解

1 次の英文を，▶に続く指示にしたがって書きかえましょう。

(1) You wash your hands. ▶「～しなさい」という文に

→ (　　　) your hands. (手を洗いなさい。)

★ (2) You are kind to your friends. ▶「～しなさい」という文に

→ (　　　) kind to your friends. (友達に親切にしなさい。)

(3) Run here. ▶「～してはいけません」という文に

→ (　　　) run here. (ここで走ってはいけません。)

(4) Study English. ▶「～しましょう」という文に

→ (　　　) study English. (英語を勉強しましょう。)

2 (　　) に適する語を入れて日本文に合う英文にしましょう。

(1) Ann, (　　　) the window.

アン，窓を開けてください。

(2) (　　　) (　　　) late for school.

学校に遅《おく》れてはいけません。

(3) (　　　) (　　　) to the park. — OK.

公園

公園へ行きましょう。— いいですよ。

★ (4) (　　　) me, (　　　).

どうぞ私を手伝ってください。

★ 1(2) be 動詞の命令文。
★ 2(4) please は「どうぞ」「どうか」とていねいにお願いするときに使う。

12 代名詞

月　日

7問中　問正解

1 次の英文を，▶ に続く指示にしたがって書きかえましょう。

(1) Please help <u>me and Ann.</u> ▶ 下線部を適する代名詞にかえて

→ Please help (　　　　). (私たちを手伝ってください。)

(2) I play tennis with <u>Ken and Ami.</u> ▶ 下線部を適する代名詞にかえて

→ I play tennis with (　　　　). (私は彼《かれ》らとテニスをします。)

★ (3) This is my bag. ▶ ほぼ同じ意味の文に

→ This bag is (　　　　). (このかばんは私のものです。)

2 (　　) に適する語を入れて日本文に合う英文にしましょう。

★ (1) Let's have a party for (　　　　).

彼のためにパーティーを開きましょう。

(2) This is (　　　　) sister. (　　　　) name is Lucy.

こちらは私の妹です。彼女《かのじょ》の名前はルーシーです。

(3) Is this bike (　　　　)?

この自転車はあなたのものですか。

(4) (　　　　) dog is big, but (　　　　) is small.

彼の犬は大きいですが，私たちのは小さいです。

★ 1(3) 元の文は「これは私のかばんです。」という意味。
★ 2(1) for などの前置詞のあとに代名詞がくるときは目的格（～を）の形。

13 現在進行形

月　　日

8問中　　問正解

1 次の動詞の ing 形を書きましょう。

(1) play　(～をする)　(　　　)

(2) make　(～を作る)　(　　　)

(3) have　(～を食べる)　(　　　)

★ (4) sit　(すわる)　(　　　)

★ (5) swim　(泳ぐ)　(　　　)

2 次の英文を「～しています」という文に書きかえましょう。

★ (1) I cook in the kitchen.　(私は台所で料理をします。)

→ I (　　　)(　　　) in the kitchen.

(2) We run in the park《公園》.　(私たちは公園を走ります。)

→ We (　　　)(　　　) in the park.

(3) Kate writes an e-mail.　(ケイトはメールを書きます。)

→Kate (　　　)(　　　) an e-mail.

★ ❶(4)(5) 語尾《ごび》の 1 字を重ねて ing をつける。
★ ❷(1)「～している」という文は〈be 動詞＋動詞の ing 形〉で表す。

現在進行形の否定文・疑問文

月　　日

7問中　　問正解

1 次の英文を，▶に続く指示にしたがって書きかえましょう。

★ (1) I'm reading a book. ▶否定文に

→ I'm (　　　)(　　　) a book. (私は本を読んでいません。)

(2) He is having lunch. ▶否定文に

→ He (　　　)(　　　) lunch. (彼《かれ》は昼食を食べていません。)

(3) They are watching TV. ▶疑問文に

→ (　　　) they (　　　) TV? (彼らはテレビを見ていますか。)

2 (　　) に適する語を入れて日本文に合う英文にしましょう。

(1) We're (　　　)(　　　) to music.

私たちは音楽を聞いていません。

(2) (　　　) she (　　　) in her room?

— Yes, she (　　　).

彼女《かのじょ》は部屋で眠《ねむ》っていますか。— はい，眠っています。

(3) (　　　)(　　　) you (　　　)? — I'm studying.

あなたは何をしていますか。— 私は勉強をしています。

★ (4) (　　　)(　　　) singing? — Ken (　　　).

だれが歌っていますか。— 健《けん》です。

★ ❶(1) 否定文は，ふつうの be 動詞の文と同じで be 動詞のあとに not をおく。
★ ❷(4)「だれが」は who で 3 人称《にんしょう》単数《たんすう》扱《あつか》い。

canの文

1 次の英文を，▶に続く指示にしたがって書きかえましょう。

(1) Ken swims well.　▶「～できる」という文に

→ Ken (　　　)(　　　) well.　(健《けん》はじょうずに泳げます。)

(2) I can play the piano.　▶否定文に

→ I (　　　)(　　　) the piano.　(私はピアノがひけません。)

(3) They can speak English.　▶疑問文に

→ (　　　) they (　　　) English?　(彼《かれ》らは英語を話せますか。)

2 (　　) に適する語を入れて日本文に合う英文にしましょう。

(1) She (　　　)(　　　) fast.

彼女《かのじょ》は速く走れます。

(2) My brother (　　　)(　　　) well.

私の弟はじょうずに料理できません。

★ (3) (　　　) you (　　　) me? — OK.

私を手伝ってくれますか。— いいですよ。

★ (4) (　　　)(　　　) use this dictionary《辞書》? — Sure.

この辞書を使ってもいいですか。— いいですよ。

★ **2**(3)「～してくれますか」と依頼《いらい》する文。
★ **2**(4)「～してもいいですか」と許可を求める文。

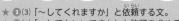

16 一般動詞の過去の文

月　　日

8問中　　問正解

1 次の動詞の過去形を書きましょう。

(1) play　(～をする)　(　　　)

(2) live　(住んでいる)　(　　　)

(3) study　(勉強する)　(　　　)

★ (4) see　(～を見る)　(　　　)

★ (5) go　(行く)　(　　　)

2 〔　〕内の動詞を適する形にして，(　)に入れましょう。

(1) We (　　　) TV last night.　〔watch〕

私たちは昨夜テレビを見ました。

★ (2) Ann (　　　) dinner at seven.　〔have〕

アンは 7 時に夕食を食べました。

(3) I (　　　) up late this morning.　〔get〕

私は今朝遅《おそ》く起きました。

★ ❶(4)(5) 不規則に変化する語。
★ ❷(2) 過去形は主語が 3 人称単数《にんしょうたんすう》でも変化することはない。

一般動詞の過去の否定文・疑問文

月　　日

7問中　　問正解

1 次の英文を，▶に続く指示にしたがって書きかえましょう。

(1) We played baseball. ▶否定文に

→ We (　　　)(　　　)(　　　) baseball.

（私たちは野球をしませんでした。）

★ (2) He watched TV. ▶否定文に

→ He (　　　)(　　　) TV. （彼《かれ》はテレビを見ませんでした。）

★ (3) She made a cake. ▶疑問文に

→ (　　　) she (　　　) a cake? （彼女《かのじょ》はケーキを作りましたか。）

2 (　　) に適する語を入れて日本文に合う英文にしましょう。

★ (1) I (　　　)(　　　) his name.

私は彼の名前を知りませんでした。

(2) (　　　) you (　　　) the party? — Yes, I (　　　).

あなたはパーティーを楽しみましたか。— はい，楽しみました。

(3) (　　　) Tom (　　　) to school? — No, he (　　　).

トムは学校に来ましたか。— いいえ，来ませんでした。

(4) (　　　)(　　　) you (　　　) last Saturday?

— I (　　　) shopping with Kate.

あなたはこの前の土曜日に何をしましたか。

— 私はケイトと買い物に行きました。

★ ❶(2)(3) 過去形は主語が 3 人称単数《にんしょうたんすう》でも変化することはない。
★ ❷(1)「～を知っている」は know。

be 動詞の過去の文・過去進行形

月　　日

7問中　　問正解

1 次の英文を，過去の文に書きかえましょう。

(1) I am busy.　(私は忙《いそが》しいです。)

→ I (　　　　) busy yesterday.

(2) We are in the same class.　(私たちは同じクラスです。)

→ We (　　　　) in the same class last year.

(3) He is studying.　(彼《かれ》は勉強をしています。)

→ He (　　　　)(　　　　) then.

2 (　　) に適する語を入れて日本文に合う英文にしましょう。

★ (1) They (　　　　) in the gym then.

彼らはそのとき体育館にいませんでした。

★ (2) (　　　　) it sunny yesterday? — No, it (　　　　).

昨日は晴れていましたか。— いいえ，晴れていませんでした。

(3) Ann (　　　　)(　　　　) TV.　She (　　　　)(　　　　).

アンはテレビを見ていませんでした。彼女《かのじょ》は眠《ねむ》っていました。

(4) (　　　　) you (　　　　) then? — No, I (　　　　).

あなたはそのとき料理をしていましたか。

— いいえ，していませんでした。

★ 2(1) 否定文。空所の数から短縮形を入れる。
★ 2(2) 天気や寒暖を表す文では，主語には it を使う。

19 まとめテスト

月　　日

／100点

1 (　　) 内から適する語を選び，○で囲みましょう。 (4点×7)

(1) (Can, Do, Are) you playing the video game?

(2) My mother usually (get, gets, getting) up at six.

(3) Don't (open, opens, opened) the door, please.

(4) Whose bike is this? — It's (my, me, mine).

(5) Did you play tennis with (he, his, him)?

(6) (What, Which, Who) made this cake? — My mother did.

(7) Sam can't (go, goes, went) camping《キャンプ》 with us.

2 〔　　〕内の語を適する形にして，(　　) に入れましょう。 (5点×4)

(1) Were you (　　　　) in the park《公園》 then? 〔run〕

あなたはそのとき公園を走っていましたか。

(2) Kate (　　　　) a cute cat. 〔have〕

ケイトはかわいいネコを飼っています。

(3) They (　　　　) here at three. 〔come〕

彼《かれ》らは 3 時にここに来ました。

(4) How many (　　　　) do we need? 〔dish〕

私たちはお皿が何枚必要ですか。

→裏に続きます。

3 （　　）に適する語を入れて日本文に合う英文にしましょう。　（6点×4）

(1) My father (　　　　　)(　　　　　) well.

私の父は料理がじょうずにできます。

(2) (　　　　　) are you from? — (　　　　　) from London.

あなたはどこの出身ですか。— 私はロンドン出身です。

(3) (　　　　　)(　　　　　) did you go to bed last night?

あなたは昨夜何時に寝《ね》ましたか。

(4) (　　　　　)(　　　　　) use your smartphone《スマートフォン》? — Sure.

あなたのスマートフォンを使ってもいいですか。— いいですよ。

4 日本文を英語になおしましょう。　（7点×4）

(1) あのTシャツはいくらですか。

....

(2) 彼女《かのじょ》は昨日宿題をしませんでした。

....

(3) 私はそのとき体育館でバスケットボールをしていました。

....

(4) あなたの誕生日はいつですか。

....

正負の数

1 次の(　　)にあてはまる数やことばを書きましょう。

(1) 気温が 0℃ より 5℃ 高いことを +5℃ と表すと，0℃ より 8℃ 低いことは(　　　　)℃ と表すことができます。

(2) 4 kg の増加を +4 kg と表すと，9 kg の(　　　　)は −9 kg と表すことができます。

「増加」の反対のことば

2 次の問いに答えましょう。

(1) 下の数直線に，絶対《ぜったい》値《ち》が 7 になる数に対応する点をかきましょう。

(2) 絶対値が 5 以下の整数は何個ありますか。

(1)の数直線で考えるとわかりやすい。

3 次の各組の数の大小を，不《ふ》等号《とうごう》を使って表しましょう。

(1) −23，−19

(2) $-\frac{3}{4}$，$-\frac{5}{6}$

★ (3) −0.1，−0.3，−0.05

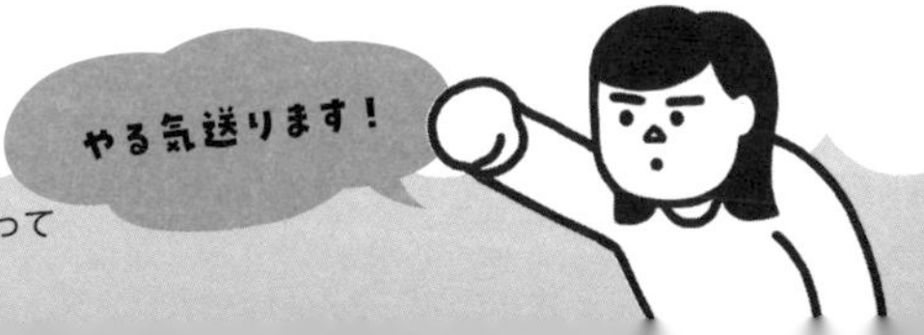

★ 3 (3) 3 つ以上の数の大小を，不等号を使って表すときは，不等号の向きをそろえる。

21 正負の数の加減

月　日

11問中　問正解

1 次の計算をしましょう。

(1) $(-3)+(-4)$　　(2) $(+9)+(-5)$

(3) $(-17)+(+11)$　　(4) $(-0.8)+(-1.5)$

★ **2** 次の計算をしましょう。

(1) $(+4)-(-7)$　　(2) $(-8)-(+17)$

(3) $(-24)-(-15)$　　(4) $0-(-6)$

3 次の計算をしましょう。

★ (1) $(+3)-(-6)-(+7)$

(2) $(-5)-(+8)+(-4)$

(3) $13-(-7)-16-(+5)$

★ ❷減法《げんぽう》は，ひく数の符号《ふごう》を変えて加法《かほう》に直して計算する。

★ ❸(1) 加法だけの式に直して，正《せい》の項《こう》，負《ふ》の項の和《わ》をそれぞれ求める。

月　　日

22 正負の数の乗除

10問中　　問正解

1 次の計算をしましょう。

(1) $(-5)\times(-8)$

(2) $(+3)\times(-6)$

★ (3) $(-2)\times(-7)\times(-4)$

(4) $4\times(-3)^2$

2 次の計算をしましょう。

(1) $(-36)\div(-4)$

(2) $(-90)\div(+6)$

★ (3) $24\div\left(-\frac{3}{4}\right)$

★ (4) $\left(-\frac{4}{9}\right)\div\left(-\frac{8}{15}\right)$

3 次の計算をしましょう。

(1) $48\times\left(-\frac{5}{8}\right)\div(-6)$

(2) $\left(-\frac{3}{10}\right)\div\left(-\frac{6}{7}\right)\div\left(-\frac{14}{15}\right)$

★ 1 (3) 式の中の負の数の個数に着目して，積《せき》の符号を決める。
★ 2 (3)(4) 分数をふくむ除法《じょほう》は，わる数を逆数《ぎゃくすう》にして乗法《じょうほう》に直して計算する。

23 四則の混じった計算／素因数分解

月　日

8問中　問正解

★

1 次の計算をしましょう。

(1) $-4-(-2)\times5$

(2) $9+21\div(-3)$

(3) $\underbrace{2\times(-6)}_{❶}-\underbrace{(-8)\div4}_{❷}$ ❸

(4) $-3^2-(-3)^2$

(5) $9-(5-7)\times(-2)^3$

★ (6) $63\times(-19)+37\times(-19)$

2 次の数を素《そ》因数分解《いんすうぶんかい》しましょう。

(1) 126

2)126

(2) 600

★ ❶ (　)の中・累乗《るいじょう》→乗法・除法→加法・減法の順に計算する。

★ ❶(6) 分配《ぶんぱい》法則…(■+●)×▲=■×▲+●×▲，(■−●)×▲=■×▲−●×▲

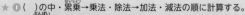

24 文字式の表し方／式の値

月　　日

10問中　　問正解

1 次の式を，文字式の表し方にしたがって表しましょう。

(1) $b \times 4 \times a$

記号×ははぶく。

(2) $y \times x \times (-1)$

★ (3) $b \times a \times b \times b \times a$

(4) $x \div 8$

記号÷を使わずに，分数の形で書く。

(5) $9b \div (-2)$

(6) $(x-y) \div 5$

2 次の数量を，文字を使った式で表しましょう。

(1) 2000m の道のりを，分速60m で x 分間歩いたときの残りの道のり

(2) 定価 a 円の品物を，定価の25％引きで買ったときの代金

★ 3 $x=-4$ のとき，次の式の値《あたい》を求めましょう。

(1) $3x+7$

(2) $-x^2$

★ 1 (3) 同じ文字の積は，累乗の指数《しすう》を使って表す。
★ 3 負の数を代入《だいにゅう》するときは，かっこをつけて代入する。

1次式の計算

月　日

10問中　問正解

★

1 次の計算をしましょう。

(1) $(3x-8)+(4x+5)=3x-8$ □ $=$

そのままかっこをはずす。

(2) $(7x-2)+(6x-7)$　(3) $(a+4)+(9-2a)$

★

2 次の計算をしましょう。

(1) $(5x-4)-(8x-9)=5x-4$ □ $=$

各項の符号を変えてかっこをはずす。

(2) $(2y-5)-(9y+4)$　(3) $(3-6x)-(-7x+5)$

3 次の計算をしましょう。

(1) $7a\times4$　(2) $-12x\times\frac{2}{3}$

(3) $(-54x)\div(-6)$　(4) $20y\div\left(-\frac{5}{8}\right)$

★ ❶ +(　)は，そのままかっこをはずす。
★ ❷ −(　)は，かっこの中の各項《かくこう》の符号《ふごう》を変えてかっこをはずす。

26 四則の混じった計算／関係を表す式

月　日

10問中　問正解

1 次の計算をしましょう。

(1) $-3(2x+9)$　　(2) $\dfrac{x-4}{5}\times 30$

(3) $(20a+36)\div 4$　　(4) $(6y-8)\div\left(-\dfrac{2}{5}\right)$

★ **2** 次の計算をしましょう。

(1) $5(x-3)+8(x+2)$　　(2) $2(4a+9)+3(2a-7)$

(3) $7(2x+3)-9(x+4)$　　(4) $6(3y-5)-4(5y-6)$

3 次の数量の間の関係を，等式《とうしき》または不《ふ》等式《とうしき》で表しましょう。

(1) a m のテープから x m のテープを 5 本切り取ると，残りのテープの長さは 2 m でした。

(2) 1 個 5 g のおもりを x 個と 1 個25g のおもりを y 個の重さの合計は，75g 以上でした。

★ **2** 分配法則を使ってかっこをはずし，文字の項《こう》，数の項をそれぞれまとめる。

27 方程式とその解き方

月　日

9問中　問正解

1 −2，0，2 のうち，方程式《ほうていしき》 $7x-2=3x+6$ の解《かい》はどれですか。

★
2 次の方程式を解《と》きましょう。

(1) $x+4=9$

(2) $x-8=-2$

(3) $7x=3x-8$

(4) $x-35=6x$

★
3 次の方程式を解きましょう。

(1) $4x+7=x-5$

(2) $2x-9=8x-3$

(3) $3x+8=20-x$

(4) $2x-21=14+9x$

★ 2 3 移項《いこう》するときは，符号《ふごう》の変え忘れに注意する。

28 いろいろな方程式

月　日

5問中　問正解

1 次の方程式を解きましょう。

(1) $4(x-3)=x+9$

□ $=x+9$

分配法則を使って，かっこをはずす。

★ (2) $1.3x+2.1=0.6x-0.7$

★ (3) $\frac{2}{5}x+2=\frac{1}{4}x+\frac{1}{2}$

2 次の比例式《ひれいしき》で，x の値《あたい》を求めましょう。

(1) $x:15=3:5$

$x \times 5=15 \times 3$

$a:b=c:d$ ならば，$ad=bc$

(2) $x:(x-6)=7:4$

★ 1(2) 係数《けいすう》を整数に直すために，両辺に10をかける。

★ 1(3) 係数を整数に直すために，両辺に分母の最小公倍数をかける。

英語
数学
国語
理科
社会

29 1次方程式の利用

英語
数学
国語
理科
社会

1 折り紙を何人かの生徒に配ります。1人に6枚ずつ配ると9枚たりなくなり，1人に5枚ずつ配ると15枚余ります。次の問いに答えましょう。

★ **(1) 生徒の人数を x 人として，方程式をつくりましょう。**

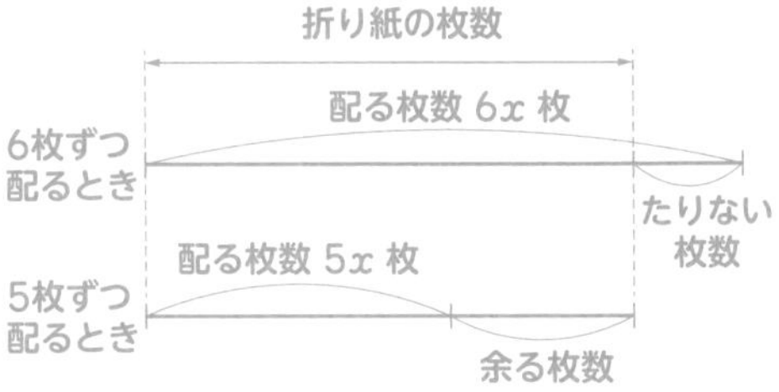

(2) 生徒の人数を求めましょう。

(3) 折り紙の枚数を求めましょう。

2 妹は，家から1500m 離《はな》れた駅に向かって歩いています。妹の忘れ物に気づいた兄は，妹が家を出発してから10分後に，自転車で妹を追いかけました。妹の速さは分速70m，兄の速さは分速210m です。次の問いに答えましょう。

(1) 兄が出発してから x 分後に妹に追いつくとして，右の表を完成させましょう。

	妹	兄
速さ(m/min)	70	210
時間(分)	㋐	x
道のり(m)	㋑	㋒

★ **(2) 兄は出発して何分後に妹に追いつきますか。**

★ ❶(1) 6枚ずつ配ったとき，折り紙の枚数は，6×(人数)−(たりない枚数)
★ ❷(2) 兄が妹に追いつくのは，(妹が歩いた道のり)=(兄が走った道のり)のとき。

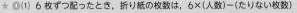

関数／比例／反比例

月　　日

8問中　　問正解

★ **1** ある自然数《しぜんすう》 x の約数の個数を y 個とします。次の問いに答えましょう。

(1) y は x の関数《かんすう》であるといえますか。

(2) x は y の関数であるといえますか。

2 次のことがらについて，y が x に比例《ひれい》するものには○，y が x に反比例《はんぴれい》するものには△，y が x に比例も反比例もしないものには×を書きましょう。

(1) 周の長さが16cm の長方形の縦の長さを x cm，横の長さを y cm とする。

(2) 周の長さが x cm の正方形の 1 辺の長さを y cmとする。

(3) 半径が x cm の円の面積を y cm^2 とする。

(4) 面積が20cm^2 の三角形の底辺を x cm，高さを y cm とする。

3 次の問いに答えましょう。

(1) y は x に比例し，$x=3$ のとき $y=12$ です。y を x の式で表しましょう。

(2) y は x に反比例し，$x=2$ のとき $y=-9$ です。$x=-3$ のときの y の値《あたい》を求めましょう。

★ ❶ 2 つの数量 x，y があって，x の値を決めると，それにともなって，y の値がただ 1 つに決まるとき，**y は x の関数である**という。

31 座標／比例のグラフ

月　日

8問中　問正解

1 次の問いに答えましょう。

(1) 右の図に，座標《ざひょう》が次のような点をかき入れましょう。

A(4, 3)　B(−5, −2)

C(−3, 0)　D(0, −6)

(2) 右の図に，次のグラフをかきましょう。

① $y=3x$

② $y=-\frac{2}{3}x$

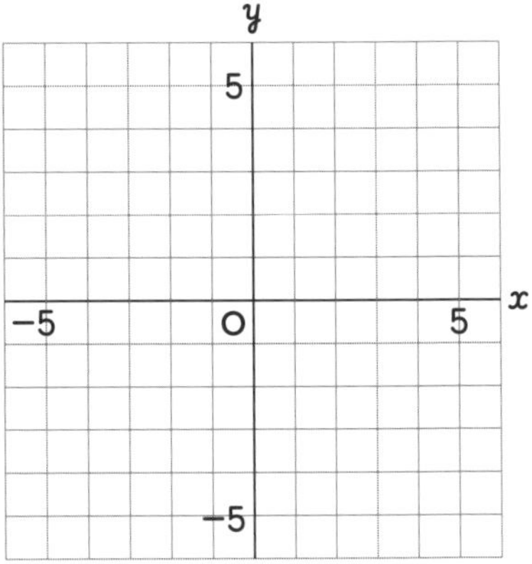

★
2 右の図の①，②は比例のグラフです。それぞれについて，y を x の式で表しましょう。

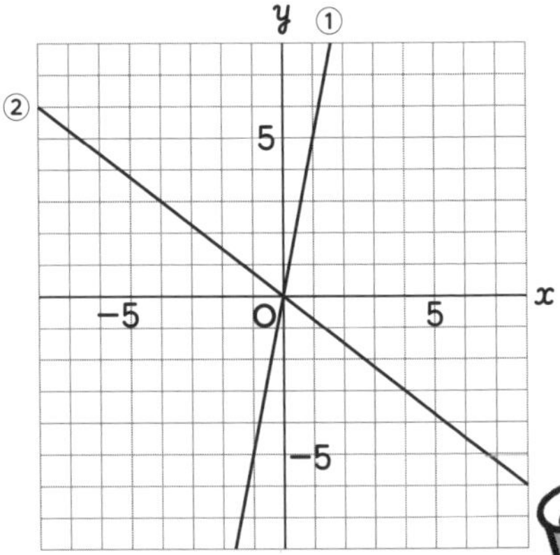

★ ❷まず，グラフが通る点のうち，x 座標，y 座標がともに整数であるような点を見つけ，その座標の値を $y=ax$ に代入する。

反比例のグラフ

月　日

4問中　問正解

★ **1** 下の x と y の値の対応表を完成させて，$y=\dfrac{6}{x}$ のグラフをかきましょう。

x	…	−6	−3	−2	−1	0	1	2	3	6	…
y	…	−1				×					…

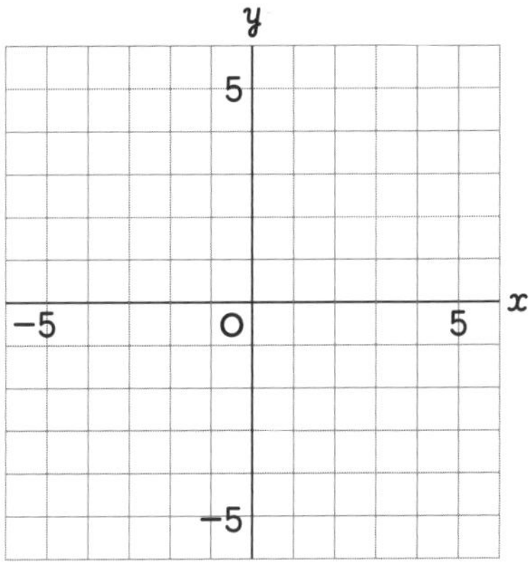

2 右の図の①，②は反比例のグラフです。それぞれについて，y を x の式で表しましょう。

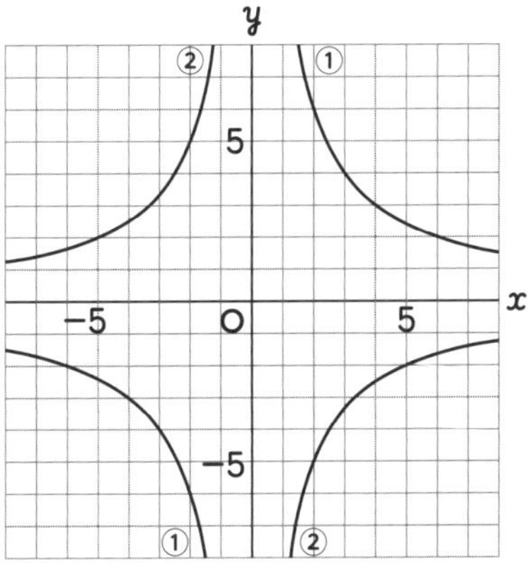

★ **1** $y=\dfrac{a}{x}$ のグラフは，原点について対称《たいしょう》な 2 つのなめらかな曲線になる。
この曲線を**双曲線《そうきょくせん》**という。

月　日

直線と角／図形の移動

6問中　問正解

1 右の図の四角形 ABCD について，次の□にあてはまることばや記号を書きましょう。

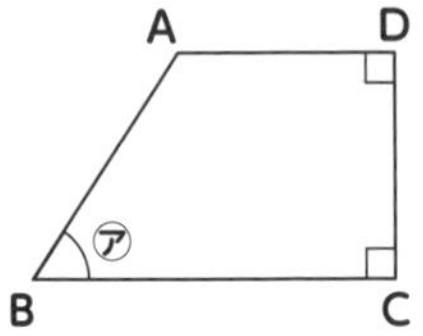

(1) 線分《せんぶん》 AB の長さを，2 点 A，B 間の□といいます。

(2) ㋐の角を記号を使って表すと，□

(3) 辺 AD と辺 BC の関係を記号を使って表すと，□

(4) 辺 BC と辺 DC の関係を記号を使って表すと，□

2 右の図の△ABC を，次のように移動《いどう》した三角形をかきましょう。

★ **(1)** 矢印 OP の方向に OP と同じ長さだけ平行《へいこう》移動させてできる△DEF

★ **(2)** 直線 ℓ を対称《たいしょう》の軸《じく》として対称移動させてできる△GHI

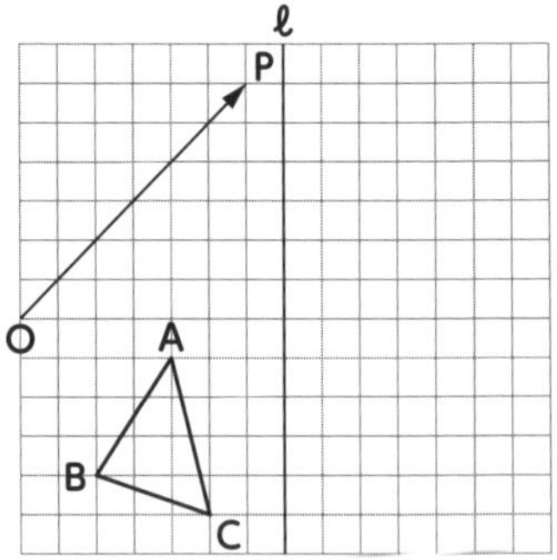

★ 2(1) 対応する 2 点を結ぶ線分は，平行で，その長さは等しい。
★ 2(2) 対応する 2 点を結ぶ線分は，対称の軸によって垂直に 2 等分される。

34 基本の作図／円とおうぎ形

月　日

4問中　問正解

1 右の図の△ABC で，辺 AB の垂直《すいちょく》二《に》等分線《とうぶんせん》と∠BAC の二等分線の交点 P を作図しましょう。

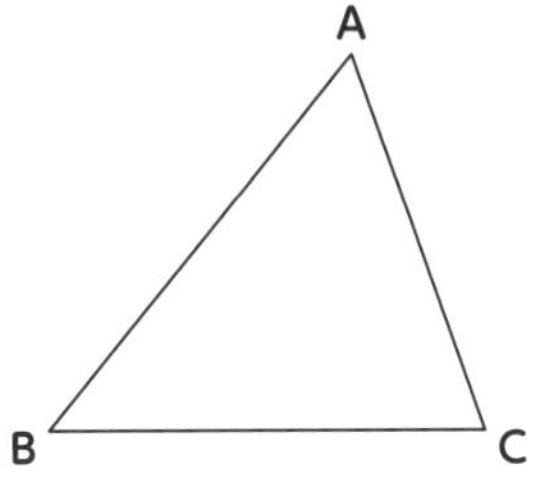

★ **2** 右の図の円 O で，点 A を接点《せってん》とする円 O の接線《せっせん》 ℓ を作図しましょう。

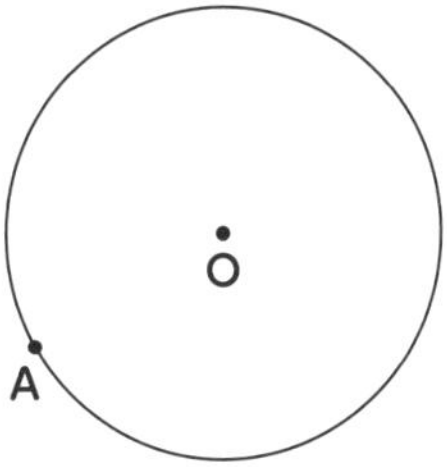

★ **3** 右の図のおうぎ形について，次の問いに答えましょう。ただし，円周率は π とします。

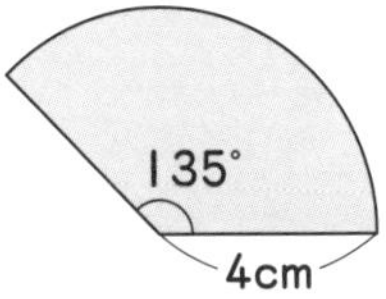

(1)　弧《こ》の長さを求めましょう。

(2)　面積を求めましょう。

★ ❷ **円の接線は，接点を通る半径に垂直である。**

★ ❸ 半径 r, 中心角 $a°$ のおうぎ形の弧の長さは, $2\pi r \times \frac{a}{360}$, 面積は, $\pi r^2 \times \frac{a}{360}$

いろいろな立体

月　日

7問中　問正解

1 右の図は正六角柱です。この立体について，辺を直線，面を平面と見て，次の問いに答えましょう。

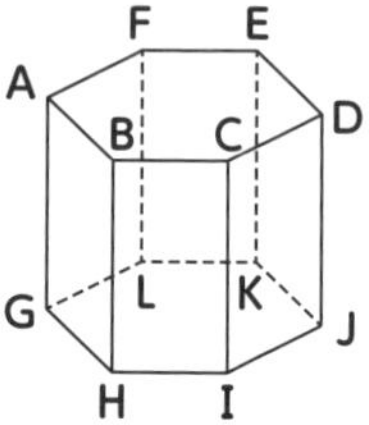

(1) 直線 AB と平行な直線はどれですか。

(2) 直線 AB とねじれの位置にある直線はどれですか。

(3) 平面 ABCDEF と垂直な直線はいくつありますか。

(4) 平面 BHIC と平行な直線はいくつありますか。

(5) 2 つの平面が平行である組は何組ありますか。

★ **2** 下の投影図《とうえいず》は，三角柱，三角錐《すい》，四角柱，四角錐，円柱，円錐のうち，どの立体を表していますか。

(1)

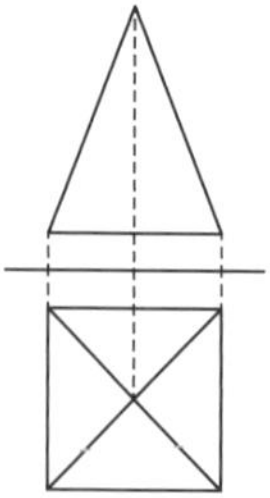

(2)

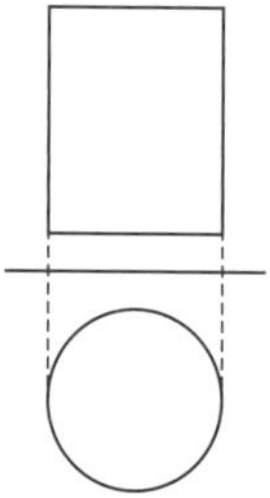

★ **2** 立体を正面から見た図を**立面図《りつめんず》**，真上から見た図を**平面図《へいめんず》**といい，立面図と平面図を組み合わせた図を**投影図**という。

36 立体の表面積と体積

1 右の正四角錐《すい》の表面積《ひょうめんせき》を求めましょう。

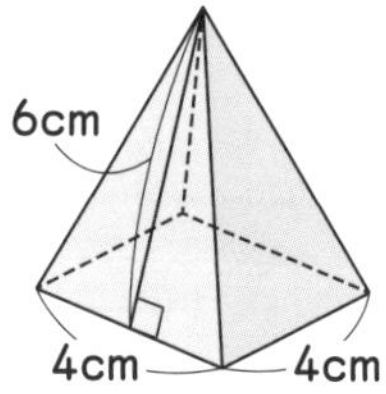

★ **2** 次の立体の体積を求めましょう。ただし，円周率はπとします。

(1)

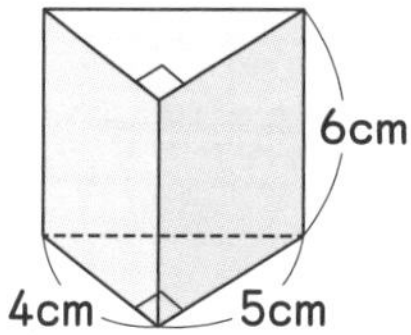

(2)

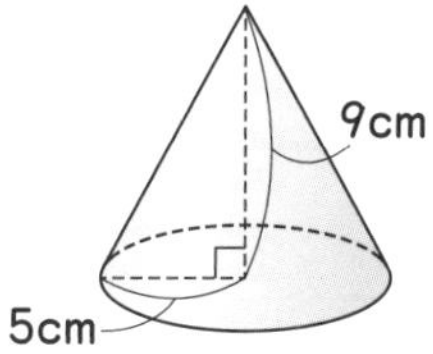

★ **3** 右の図の長方形 ABCD を，直線 ℓ を軸《じく》として 1 回転させてできる立体について，次の問いに答えましょう。ただし，円周率はπとします。

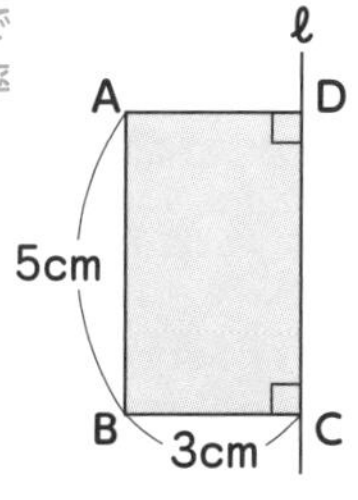

(1) 表面積を求めましょう。

(2) 体積を求めましょう。

★ 2(1) **角柱・円柱の体積＝底面積《ていめんせき》×高さ**，(2) **角錐・円錐の体積＝$\frac{1}{3}$×底面積×高さ**
★ 3 できる立体は，底面が半径 3 cm の円で，高さが 5 cm の円柱である。

37 データの活用

8問中　問正解

★

1 下の表は，中学生50人のハンドボール投げの記録を度《ど》数《すう》分《ぶん》布《ぷ》表《ひょう》にまとめたものです。㋐～㋕の［　］にあてはまる数を書きましょう。

ハンドボール投げの記録

階級(m)	度数(人)	累積《るいせき》度数《どすう》(人)	相対《そうたい》度数《どすう》	累積相対度数
以上　未満 10 ～ 15	6	6	0.12	0.12
15 ～ 20	9	15	㋒［　］	0.30
20 ～ 25	16	㋐［　］	0.32	㋔［　］
25 ～ 30	13	44	㋓［　］	㋕［　］
30 ～ 35	4	㋑［　］	0.08	0.96
35 ～ 40	2	50	0.04	1.00
計	50		1.00	

2 右の表は，あるボトルのキャップを投げて表が出た回数をまとめたものです。次の問いに答えましょう。

投げた回数(回)	表が出た回数(回)
50	28
100	60
200	118
500	317
1000	625

(1) 表が出る相対度数はどんな数に近づくと考えられますか。四捨五入して，小数第 2 位まで求めましょう。

(2) 表と裏ではどちらが出やすいといえますか。ただし，キャップは表と裏のどちらかが出るものとします。

★ ❶ 最初の階級からその階級までの度数を合計したものを**累積度数**という。また，相対度数を合計したものを**累積相対度数**という。

まとめテスト

月　日

/100点

1 次の計算をしましょう。（4点×4）

(1) $-6-(+4)-(-7)$

(2) $\frac{4}{15}\div\left(-\frac{8}{9}\right)$

(3) $18\div(-3)-(-6)\times4$

(4) $-4^2-(-2)^3$

2 次の計算をしましょう。（4点×4）

(1) $-5a\times(-8)$

(2) $(9x-6)\div\frac{3}{4}$

(3) $3(x-2)+2(4-3x)$

(4) $5(3a-8)-7(a-5)$

3 次の方程式を解きましょう。(4)は，x の値《あたい》を求めましょう。（5点×4）

(1) $2x-5=6x+7$

(2) $4(x-3)=8-x$

(3) $\frac{3x-4}{2}=\frac{4x-3}{5}$

(4) $5:4=x:12$

4 1周6 km のサイクリング道路があります。兄は時速12km で，弟は時速 8 km で，同じ地点から，それぞれ反対まわりに出発しました。2人が最初に出会うのは，出発してから何分後ですか。（8点）

→ 裏に続きます。

5　右の図の①は比例のグラフ，②は反比例のグラフです。それぞれについて，y を x の式で表しましょう。　（6点×2）

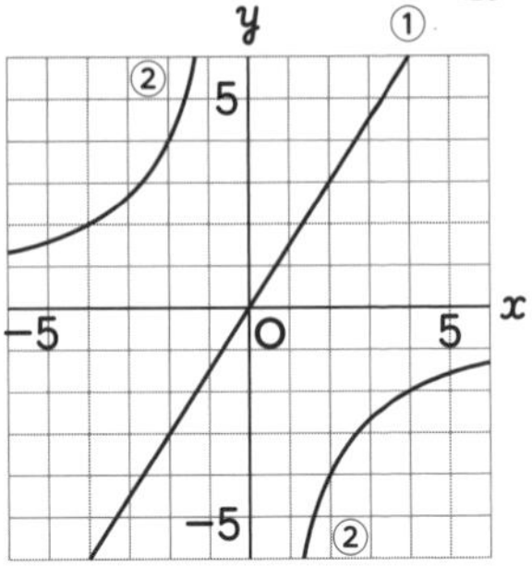

6　右の図のおうぎ形 OAB の対称《たいしょう》の軸《じく》 ℓ を作図しましょう。　（8点）

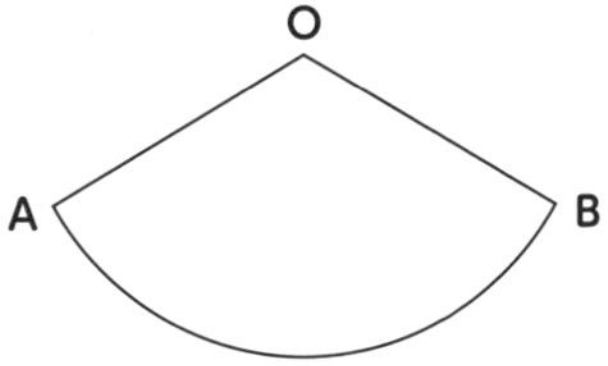

7　右の図の△ABC を，直線 ℓ を軸として１回転させてできる立体の体積を求めましょう。ただし，円周率は π とします。　（8点）

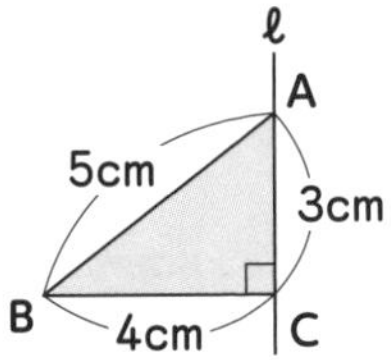

8　右の図は，生徒40人の通学時間をヒストグラムに表したものです。次の問いに答えましょう。　（6点×2）

(1)　20分以上25分未満の階級の累積《るいせき》度《ど》数《すう》を求めましょう。

(2)　度数がいちばん大きい階級の相対《そうたい》度《ど》数《すう》を，小数第2位まで求めましょう。

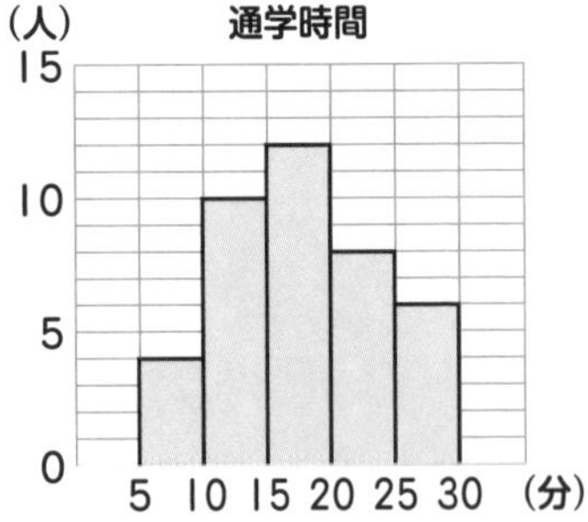

漢字の読み①

月　日

10問中　問正解

1 次の太字の漢字の読みを書きましょう。

(1) 初舞台《ぶたい》を**踏**む。（　）

(2) 机の上が**汚**い。（　）

(3)★ ボールが**弾**む。（　）

(4) 別れを**惜**しむ。（　）

(5) 留守番を**頼**む。（　）

(6) 調査結果の**分析**。（　）

(7) 車の**騒音**がひどい。（　）

(8) 鉄分を**含有**する。（　）

(9) **配慮**をする。（　）

(10)★ **証拠**がない。（　）

★ 1(3)「弾」には複数の訓読みがあるので、送り仮名《がな》で読み分ける。
★ 1(10)「拠」の読みに注意。「根拠《こんきょ》」「拠点《きょてん》」などの読みとはことなる。

漢字の読み②

月　日

10問中　問正解

1 次の太字の漢字の読みを書きましょう。

(1) 強敵に**挑**む。（　）

(2) 要求を**拒**む。（　）

(3)★ 交通が**滞**る。（　）

(4) 過去を**顧**みる。（　）

(5) 二点を**奪**う。（　）

(6)★ **一斉**に立ち上がる。（　）

(7) 話に**矛盾**がある。（　）

(8) 足で**拍子**をとる。（　）

(9) 大会が**円滑**に進む。（　）

(10) 資料を**添付**する。（　）

★ 1(3)「滞」は、「志す」（こころざ－す）のように一字で四音の訓読み。
★ 1(6)「斉」は字形の似た「斎」と間《ま》違《ちが》えないように。

41

漢字の書き①

月　日

10問中　問正解

I　次の太字のカタカナを漢字で書きましょう。

(1) 事実と**コト**なる。（　）

(2) 機械を**アヤツ**る。（　）

(3)★ ねぎを**キザ**む。（　）

(4) 郵便が**トド**く。（　）

(5) 水が**タ**れる。（　）

(6) **チョサク**権。（　）

(7) **コンナン**な問題。（　）

(8)★ **カクダイ**と縮小。（　）

(9) **メイロウ**快活。（　）

(10) **ソンケイ**語。（　）

★ I(3)「時をキザむ」「胸にキザむ」などの使い方もある。

★ I(8)「カク」には「ひろげる。ひろがる」の意味がある。

漢字の書き②

月　日

10問中　問正解

1 次の太字のカタカナを漢字で書きましょう。

(1) **アブ**ない行動。（　　）

(2) ★ **アタタ**かい冬。（　　）

(3) 不安を**ノゾ**く。（　　）

(4) 勇気を**フル**う。（　　）

(5) 目を**ト**じる。（　　）

(6) **キボ**が大きい。（　　）

(7) **ジュウオウ**に走る。（　　）

(8) ★ **ヤチン**が安い。（　　）

(9) 川の**ゲキリュウ**。（　　）

(10) **タイサク**をとる。（　　）

★ **1**(2)「温かい」との書き分けに注意する。
★ **1**(8)「チン」は字形の似ている「貸」と間《ま》違《ちが》えないように。

43 漢字の成り立ち

1 次の漢字の成り立ちの説明を□から選び、記号で答えましょう。

(1) ★ 象形（　　）

(2) ★ 指事（　　）

(3) 会意（　　）

(4) 形声（　　）

ア 二つ以上の漢字を組み合わせて新しい意味を表す。
イ 抽象《ちゅうしょう》的な事柄《ことがら》を、点や線の組み合わせで表す。
ウ 二つの漢字を組み合わせて、一方で音を、他方で意味を表す。
エ 物の形をかたどって、その物を表す。

2 次の漢字の成り立ちを□から選び、記号で答えましょう。

(1) 山（　　）

(2) ★ 頭（　　）

(3) 上（　　）

(4) 森（　　）

(5) 洋（　　）

(6) 明（　　）

(7) 鳥（　　）

(8) 二（　　）

ア 象形	**イ** 指事
ウ 会意	**エ** 形声

★ **1**(1)「象」には「かたどる」の意味がある。(2)「指示」ではなく「指事」である。
★ **2**(2)「頁」には「かしら・こうべ・うなじ」などの意味がある。

部首・画数

月　日

16問中　問正解

1 ★

次の漢字の部首を書き抜《ぬ》きましょう。

(1) 痛（　　）

(2) 雑（　　）

(3) 慣（　　）

(4) 敬（　　）

2

次の漢字の部首名を平仮名《ひらがな》で書きましょう。

(1) 認（　　）

(2) 削（　　）

(3) 囲（　　）

(4) 遅（　　）

3

次の漢字の部首（赤い部分）が表す意味を□から選び、記号で答えましょう。

(1) 苗（　　）

(2) 犯（　　）

(3) 熟（　　）

(4) 腹（　　）

ア 獣《けもの》　イ 肉体　ウ 草花　エ 火

4 ★

次の漢字の画数を算用数字で答えましょう。

(1) 階（　　）

(2) 聞（　　）

(3) 延（　　）

(4) 綿（　　）

★ 1 部首は、(1)は垂れ、(2)・(4)は旁《つくり》、(3)は偏《へん》である。
★ 4 画数は、ひと続きで書くかどうかに注意して数える。

文法

45 言葉の単位

月　日

10問中　問正解

英語　数学　国語　理科　社会

1 ★ 次の各文を、例のように文節に分けましょう。

例 猫《ねこ》が|ニャーと|鳴く。

(1) 桜はバラ科の花だ。

(2) 明日は今日より寒いらしい。

(3) もし雨なら遠足は中止です。

(4) 冷たい水を一杯《ぱい》ください。

(5) 詩を読むのがとても好きだ。

2 ★ 次の各文を、例のように単語に分けましょう。

例 コンビニ|で|買い|物|を|する。

(1) 私の姉は高校生です。

(2) 静かな雨音に耳を澄《す》ます。

(3) 朝日が山の頂から昇《のぼ》る。

(4) おいしいカレーが食べたい。

(5) 彼《かれ》も出席することになった。

★ 1 2 文節の区切りには「猫が（ネ）ニャーと（サ）鳴く（ヨ）。」のように、「ネ・サ・ヨ」などが入れられる。単語は文節をさらに細かく分けたもの。

文の組み立て①

月　日

10問中　問正解

1 次の各文の主語には——を、述語には〰〰を右側に引きましょう。

(1) 君の代わりに僕《ぼく》が走る。

(2) 先週、私は北海道に行った。

(3) ★ きっと彼《かれ》こそ主役だ。

(4) 秋になると、柿《かき》が実る。

(5) 弟はよく母にしかられる。

2 ★ 次の——の修飾語《しゅうしょく》が修飾している文節を書き抜《ぬ》きましょう。

(1) 毎日、自転車で学校に行く。（　　）

(2) とてもそんなことはできない。（　　）

(3) 久しぶりに映画を見た。（　　）

(4) みんなが彼女《かのじょ》を温かく迎《むか》えた。（　　）

(5) 高いビルが都心に次々と建つ。（　　）

★ 1(3) 主語は「〜が」「〜は」以外に、「〜も」「〜こそ」などの形をとることがある。
★ 2 修飾語は他の文節（被《ひ》修飾語）を、いつ・どのようになどと詳《くわ》しくする文節。

文の組み立て②

月　日

10問中　問正解

1 ★ 次の各文の接続語には――を、独立語には〰〰を右側に引きましょう。

(1) おはよう、今日は良い天気ですね。

(2) 九月になった。だが、まだ暑い。

(3) 眠《ねむ》いので、もう寝《ね》ます。

(4) 五月三日、この日は憲法《けんぽう》記念日だ。

(5) 門を入る。すると、建物が見える。

2 ★ 次の各文の――と〰〰の文節の関係は、ア並立《へいりつ》、イ補助のどちらか。記号で答えましょう。

(1) 君にも来て ほしいが、無理かな。（　　）

(2) 大きな 重い荷物を運ぶ。（　　）

(3) 思い切って電話をして みる。（　　）

(4) 国語と 数学が得意科目です。（　　）

(5) 本の返却《へんきゃく》日を延ばして もらう。（　　）

★ ①独立語は、他の文節と係り受けの関係のない、独立した文節。
★ ②連文節の問題。補助の関係は、前の文節に直後の文節が意味を添《そ》えている。

単語の分類①

1 次の品詞分類表の（　　）に当てはまる言葉を書きましょう。

単語

- （　(1)★　）語
  - 活用（　(3)　）… 述語になる　(5)★（　　）言《げん》
    - ウ段で終わる…… 動詞
    - 「い」で終わる…… 形容詞
    - 「だ・です」で終わる…… 形容動詞
  - 活用（　(4)　）…
    - 主語になる　(6)（　　）言《げん》…… 名詞
    - 主語にならない
      - 修飾《しゅうしょく》語になる
        - 主に用言を修飾…… 副詞
        - 体言を修飾…… 連体詞
      - 接続語になる…… 接続詞
      - 独立語になる…… 感動詞
- （　(2)　）語
  - 活用する…… 助動詞
  - 活用しない…… 助詞

★ 1(1) それだけで文節を作れる単語のグループ。

★ 1(5) 動詞・形容詞・形容動詞のことをいうよび名である。

単語の分類②

月　日

10問中　問正解

1 ★ 次の各文の——の単語が自立語ならばA、付属語ならばBと答えましょう。

(1) 努力を続けることは大切だ。（　　）

(2) 友人と楽しく会話する。（　　）

(3) 間もなく雨が降ってきそうだ。（　　）

(4) 最近、つばめをめったに見ない。（　　）

(5) 少し寒いので上着を着る。（　　）

2 ★ 次の各文から、活用する単語を全て選び、記号で答えましょう。

(1) ア ハンバーグ イ も ウ 食べ エ たい。（　　）

(2) ア でも、イ 私 ウ は エ 強く オ 反対し カ ます。（　　）

(3) ア はい、イ その ウ とおり エ です。（　　）

(4) ア 先生 イ から ウ 貴重な エ お話 オ を カ 伺《うかが》う。（　　）

(5) ア そろそろ イ 新しい ウ 靴《くつ》 エ が オ 欲しい。（　　）

★ ❶ 文節に分けて、一語だけで文節を作っているか文節の初めにあれば、自立語。
★ ❷ 「-ない」「-う」に続けて自然に形が変われば、その単語は活用するとわかる。

単語の分類③

月　日

10問中　問正解

1 ★ 次の各文から、体言と用言を全て書き抜《ぬ》きましょう。

(1) 庭の落ち葉をきれいに掃《は》く。

体言（　　　）　用言（　　　）

(2) 日本の選手がすばらしい記録を打ち立てる。

体言（　　　）　用言（　　　）

(3) 夏の空に白い雲が浮《う》かぶ。

体言（　　　）　用言（　　　）

(4) 泳ぐときは準備体操をしっかりと行う。

体言（　　　）　用言（　　　）

(5) 図書館では静かにしよう。

体言（　　　）　用言（　　　）

★ **1** 「体言」は名詞のこと。「用言」は動詞・形容詞・形容動詞のこと。まず自立語を探し、次に活用するかどうかを確かめよう。

指示語

1 ★ 次の各文から、指示語を一単語で全て書き抜《ぬ》きましょう。

(1) どこでその本は買えますか。（　　）

(2) これとあれとどちらにしよう。（　　）

(3) 次はどんなことが起きるかな。（　　）

(4) そんなことは言うな。（　　）

(5) 車があの角から急に出てきた。（　　）

2 ★ 次の――の指示語が指す内容を、一単語で書き抜きましょう。

(1) やっと会場に着いた。ここまで徒歩で十五分かかった。（　　）

(2) 彼《かれ》は正直な人だ。僕《ぼく》もあんな人になりたい。（　　）

(3) コンビニに行けば、そこに電池も売っているよ。（　　）

(4) 今日も昼《ひる》寝《ね》をした。それが夏休みの楽しみの一つだ。（　　）

★❶「こ・そ・あ・ど」で始まる言葉に着目する。
★❷(1)・(3)は場所、(2)は状態、(4)は事物を指す指示語。

接続語

月　日

8問中　問正解

1

次の――の接続語と似た働きの接続語を□から選び、記号で答えましょう。

(1) ところが、番狂《ばんくる》わせが起きた。（　　）

(2) パンまたはライスを選べます。（　　）

(3)★ さて、次のニュースです。（　　）

(4) 雪が降り、しかも強風だった。（　　）

ア では　イ そのうえ　ウ あるいは　エ けれども

2

次の（　）に入る接続語を□から選び、書きましょう。

(1) 野菜が好きです。（　　）、ピーマン以外です。

(2)★ 叔母《おば》の子どもは、（　　）、私のいとこに当たる。

(3) とても急いだ。（　　）、電車に間に合った。

(4) 気が重い。（　　）、明日はテストがあるからだ。

だから　なぜならば　ただし　つまり

★ 1(3) 前の内容とは、話題を変える働きをしている。
★ 2(2) 前の内容を、別の言葉で言い換《か》える働きをしている。

歴史的仮名遣い

月　日

10問中　問正解

1 次の古語の読み方を現代仮《か》名《な》遣《づか》いの平仮名で書きましょう。

(1) いきほひ（　　）

(2) よろづ（　　）

(3) まゐる（　　）

(4) をしむ（　　）

(5) はぢ（恥）（　　）

(6) ★ だうり（道理）（　　）

2 次の文の読み方を、全て現代仮名遣いの平仮名で書きましょう。

(1) 女、答へていはく（　　）

(2) あまた率《ゐ》ておはしまさず
（供の人も）たくさんは連れていらっしゃらない
（　　）

(3) ★ 仰《おほ》せのことはいともたふとし
おっしゃることはとても尊いことです
（　　）

(4) 妻《め》の嫗《おうな》にあづけて養はす（　　）

★ 1(6)「au」の音は「ô」と伸《の》ばす音で読む。
★ 2(3)「たふ」は、「たう」→「とう」と二段階で考えよう。

助詞の省略

5問中　問正解

1 ★ 次の各文の（　）に、例のように、省略されている助詞「が」か「を」のどちらかを書き入れましょう。

例　竹取《たけとり》の翁《おきな》といふもの（　が　）ありけり。

(1) 寄りて見るに、筒《つつ》の中（　　）光りたり。

(2) 御文《おんふみ》、不死の薬の壺《つぼ》（　　）並べて、火をつけて……

(3) そのあたりに、照り輝《かかや》く木ども（　　）立てり。

(4) 今《け》日《ふ》なむ天竺《てんぢく》へ石の鉢《はち》（　　）とりにまかる。
取りにまいります

(5) 東の海に蓬萊《ほうらい》といふ山（　　）あるなり。

★ **1** (2)と(4)は目的を示す助詞が、他は主語を示す助詞が入る。

古文の読解①

月　日

4問中　問正解

1 次の文章を読んで、下の問題に答えましょう。

今は昔、竹取《たけとり》の翁《おきな》といふものありけり。野山に*まじりて竹を取りつつ、①よろづのことに使ひけり。名をば、さぬきのみやつことなむいひける。その竹の中に、もと光る竹なむ一筋ありける。②あやしがりて、寄りて見るに、筒《つつ》の中光りたり。③それを見れば、*三寸ばかりなる人、④いとうつくしうてゐたり。

（「竹取物語《たけとりものがたり》」より）

*まじりて…分け入って。

*三寸…一寸は約三センチメートル。

(1)★ ――①「よろづのこと」、――④「いと」の意味を書きましょう。

①（　　　　）

④（　　　　）

(2)★ ――②「あやしがりて」の主語に当たる言葉を、四字で書き抜《ぬ》きましょう。

□□□□

(3) ――③「それ」が指すものを三字で書き抜きましょう。

□□□

★ ❶(1) ①・④とも、ごく基本的な古語なので覚えておくとよい。

★ ❶(2)「あやしがりて」は「不思議に思って」という意味。

古文の読解②

月　日

3問中　問正解

1

「くらもちの皇子《みこ》」が、蓬莱《ほうらい》の玉の枝を探しにいったときの冒険《ぼうけん》談をかぐや姫《ひめ》に語っている場面です。読んで、下の問題に答えましょう。

これやわが求むる山ならむと思ひて、さすがに恐《おそ》ろしくおぼえて、山のめぐりをさしめぐらして、二、三日ばかり、見歩《みあり》くに、天人の①よそほひしたる女、山の中よりいで来て、銀《しろかね》の金鋺《かなまる》を持ちて、水をくみ歩く。②これを見て、船より下りて、「この山の名を何とか申す。」と問ふ。女、答へていはく、「これは、蓬莱の山なり。」と答ふ。これを聞くに、③うれしきことかぎりなし。

（「竹取物語《たけとりものがたり》」より）

(1) ——①「よそほひ」の読み方を現代仮名遣《かなづか》いの平仮名で答えましょう。

（　　　）

(2) ★ ——②「これを見て」とあるが、誰《だれ》が見たのか、答えましょう。

（　　　）

(3) ——③「うれしきことかぎりなし」とあるが、なぜか。次の文の（　）に、当てはまる漢字一字を答えましょう。

＊ここが、探していた（　　）だとはっきりわかったから。

★ ❶(2) 最初の文の「これや……思ひて、……おぼえて」などの動作の主語も同じ。

月　日

／100点

1 次の太字の漢字は読みを書き、カタカナは漢字に直して書きましょう。（4点×5）

(1) 食料を**蓄**える。（　　）

(2) **埋蔵**金を探す。（　　）

(3) **タイシュウ**の支持。（　　）

(4) 論文の**ヒヒョウ**。（　　）

(5) 公平に**サバ**く。（　　）

2 次の文の文節の数と単語の数を、算用数字で書きましょう。（7点×2）

＊窓を開けて空気を入れ換《か》える。

文節（　　）　単語（　　）

3 次の各文の主語には――、述語には〰〰、修《しゅう》飾《しょく》語には＝＝を右側に引きましょう。（各完答8点×2）

(1) 夜空に星がきらきらと輝《かがや》く。

(2) すぐに君だって上手にできる。

← 裏に続きます。

4 次の各文から自立語を全て書き抜《ぬ》きましょう。（各完答8点×2）

(1) 机の上に厚い本がある。

(2) 大きな声ではっきり話す。

5 次の(1)からは体言を、(2)からは用言を全て書き抜きましょう。（各完答8点×2）

(1) 店でりんごを三個買う。

(2) 寂《さび》しい秋が静かに深まる。

6 次の（　）に合う接続語を□から選び、記号で答えましょう。（4点×2）

(1) 散歩は朝、（　）夕方します。

(2) 実現は難しい。（　）、私は諦《あきら》めない。

ア だが　イ または　ウ そこで

7 次の古文の——の読み方を、現代仮名遣《かなづか》いの平仮名で書きましょう。（5点×2）

(1) さらに登るべきやうなし

(2) いとうつくしうてゐたり

58 生物の観察と分類

月　　日

5問中　　問正解

1 アサガオの花のつくりをルーペで観察し，スケッチしました。次の問いに答えましょう。

(1) アサガオの花を手に持ち，ルーペで観察する方法として正しいものを，次の**ア**～**エ**から2つ選び，記号で答えましょう。（　　，　　）

ア　ルーペは目に近づけて持つ。

イ　ルーペはアサガオの花に近づけて持つ。

ウ　顔を前後に動かしてピントを合わせる。

エ　アサガオの花を前後に動かしてピントを合わせる。

(2) 次の文は，アサガオの花をスケッチするときの注意点を述べたものです。文中の①，②にあてはまる語句を○で囲みましょう。

スケッチをするときは，（① 細い ・ 太い ）線と点ではっきりかき，かげをつけ（② る ・ ない ）。

2 顕微鏡《けんびきょう》の使い方について，次の問いに答えましょう。

(1) 次の**ア**～**ウ**は，顕微鏡の使い方を説明したものです。正しい順になるように記号をならべましょう。（　　→　　→　　）

ア　視野《しや》全体が明るく見えるように，反射鏡《はんしゃきょう》としぼりを調節する。

イ　プレパラートと対物《たいぶつ》レンズを遠ざけながらピントを合わせる。

ウ　プレパラートと対物レンズをできるだけ近づける。

★ (2) 10倍の接眼《せつがん》レンズと40倍の対物レンズを使ったときの顕微鏡の倍率は何倍ですか。（　　　）

★ **2**(2) 顕微鏡の倍率は，
接眼レンズの倍率×対物レンズの倍率　で求める。

花のつくりとはたらき

月　日

10問中　問正解

1 右の図は，アブラナの花のつくりを表したものです。次の問いに答えましょう。

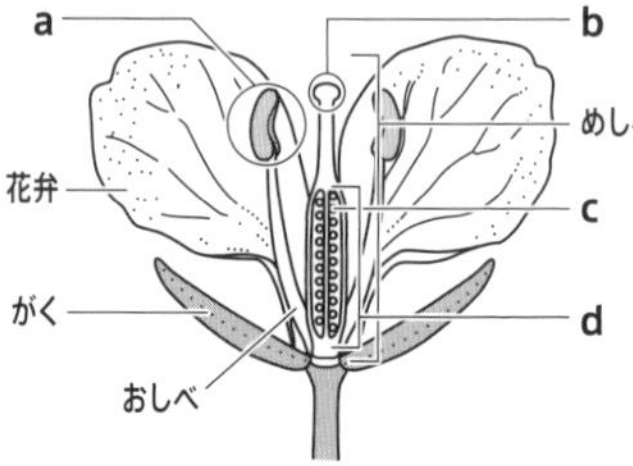

(1) **a～dの部分をそれぞれ何といいますか。**

a（　　　）　**b**（　　　）

c（　　　）　**d**（　　　）

(2) 次の文は，受粉《じゅふん》後の成長について述べたものです。文中の①，②にあてはまる記号を**a～d**から1つずつ選び，記号で答えましょう。

受粉すると，（①　　　）は成長して果実《かじつ》になり，（②　　　）は成長して種子《しゅし》になる。

2 右の図は，マツの花のつくりを表したものです。次の問いに答えましょう。

図1

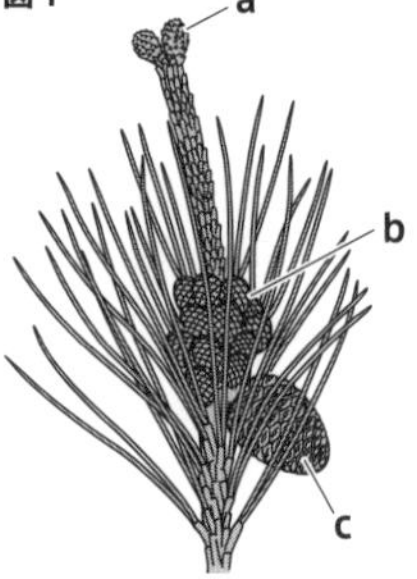

図2

(1) 雌花《めばな》は，**図1のa～c**のどれですか。（　　）

★(2) **図2のX，Yの部分をそれぞれ何といいますか。**

X（　　　　　）

Y（　　　　　）

(3) マツのように，子房《しぼう》がなく，胚珠《はいしゅ》がむき出しの植物を何といいますか。（　　　　　）

★ **2**(2) **X**には花粉が入っている。
Yは受粉後成長して種子になる。

植物の分類

月　日

10問中　問正解

1 下の図は，植物をいろいろな特徴《とくちょう》によってなかま分けしたものです。次の問いに答えましょう。

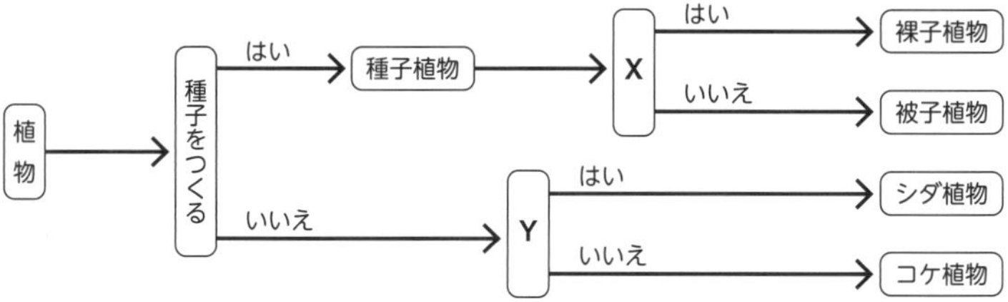

(1)　X，Yにあてはまる特徴を，次の**ア**～**エ**から1つずつ選び，記号で答えましょう。　X（　　）　Y（　　）

ア　胚珠《はいしゅ》が子房《しぼう》の中にある。　　**イ**　胚珠がむき出しである。

ウ　葉・茎《くき》・根の区別がある。　　**エ**　葉・茎・根の区別がない。

(2)　裸子植物《らししょくぶつ》のなかまを次の**ア**～**エ**から1つ選び，記号で答えましょう。（　　）

ア　イチョウ　　**イ**　イネ　　**ウ**　サクラ　　**エ**　イヌワラビ

★(3)　下の表は，被子植物《ひししょくぶつ》をなかま分けしたものです。①・②はあてはまる語句を書き，③～⑥は正しいほうを○で囲みましょう。

	子葉《しよう》の数	葉脈《ようみゃく》のようす	根のようす
双子葉類《そうしようるい》	①（　　）	③ 網目状《あみめじょう》・平行	⑤ 主根《しゅこん》と側根《そっこん》・ひげ根
単子葉類《たんしようるい》	②（　　）	④ 網目状・平行	⑥ 主根と側根・ひげ根

(4)　シダ植物やコケ植物は何をつくってふえますか。（　　）

★❶(3) 双子葉類と単子葉類は，子葉の数で分けられる。

動物の分類①

月　日

8問中　問正解

1 下の表は，脊椎動物《せきついどうぶつ》の5つのグループの特徴《とくちょう》をそれぞれまとめたものです。次の問いに答えましょう。

	魚類《ぎょるい》	A	B	鳥類《ちょうるい》	哺乳類《ほにゅうるい》
呼吸のためのつくり	えら	子：えらと皮膚《ひふ》 親：肺《はい》と皮膚	**a**	肺	肺
子の生まれ方	卵生《らんせい》	卵生	卵生	**b**	**c**
例	サケ	**d**	トカゲ	スズメ	サル

(1)　**A，Bはそれぞれ何とよばれるグループですか。**

A（　　　　　　）　**B**（　　　　　　）

★(2)　**a～cに入る語句を，次のア～エから1つずつ選び，記号で答えましょう。**　**a**（　　）　**b**（　　）　**c**（　　）

ア　えら　　**イ**　肺　　**ウ**　卵生　　**エ**　胎生《たいせい》

(3)　**dにあてはまる動物を，次のア～エから1つ選び，記号で答えましょう。**（　　）

ア　カメ　　**イ**　ヘビ　　**ウ**　ヤモリ　　**エ**　カエル

2 次の文は，肉食動物《にくしょくどうぶつ》の特徴について述べたものです。文中の①，②にあてはまる語句を○で囲みましょう。

肉食動物の目は（①　前　・　横　）向きについていて，広い範囲が（②　平面的　・　立体的　）に見えるため，獲物《えもの》との距離《きょり》をはかるのに役立っている。

★1(2) 一般に，水中で生活する脊椎動物はえら，陸上で生活する脊椎動物は肺で呼吸する。

動物の分類②

月　　日

6問中　　　問正解

1 下の図はイカのからだのつくりを表したものです。次の問いに答えましょう。

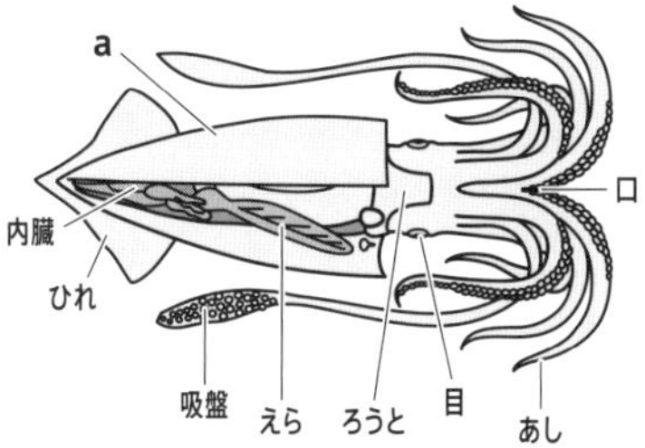

(1) エビやイカのように，背骨《せぼね》をもたない動物をまとめて何といいますか。
(　　　　　　　)

★(2) 次の文は，エビやバッタなどのなかまについて述べたものです。文中の①～③にあてはまる語句を書きましょう。

エビやバッタなどのからだやあしには節《ふし》があり，からだの外側は（①　　　　）とよばれるかたい殻《から》でおおわれている。このような動物を（②　　　　）動物という。この動物のなかまの中で，エビやカニなどのなかまをまとめて（③　　　　）という。

(3) 図中のaは，内臓を包む筋肉の膜です。この膜を何といいますか。
(　　　　　　　)

(4) イカなどのように，内臓が(3)の膜で包まれている動物を何といいますか。
(　　　　　　　)

★1(2) ③のなかまには，ミジンコやダンゴムシ，ザリガニなどがいる。

身のまわりの物質とその性質

月　日

5問中　問正解

1 右の表は，粉末A～C（砂糖，食塩，デンプンのいずれか）を調べた結果です。次の問いに答えましょう。

	水にとかす。	ガスバーナーで加熱する。
A	とけ残りがなかった。	燃えて炭になった。
B	とけ残りがなかった。	燃えなかった。
C	ほとんどがとけ残った。	燃えて炭になった。

(1)　次の**ア**～**ウ**は，ガスバーナーの操作を表したものです。正しい順になるように記号をならべましょう。（　　→　　→　　）

ア　元栓《もとせん》を開けてから，コックを開ける。

イ　マッチに火をつけ，ガス調節ねじをゆるめてガスに火をつける。

ウ　ガス調節ねじと空気調節ねじが閉まっていることを確認する。

(2)　**A**～**C**で，無機物《むきぶつ》はどれですか。（　　）

(3)　砂糖は，**A**～**C**のどれと考えられますか。（　　）

2 右の図は，30.0 cm^3の水が入ったメスシリンダーに質量《しつりょう》32.4 gの金属球を入れたときのようすです。次の問いに答えましょう。

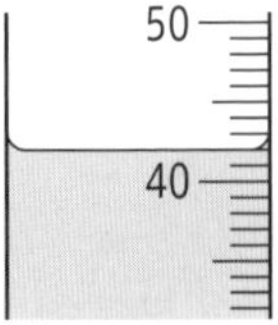

(1)　金属に共通の性質ではないものを，次の**ア**～**エ**から1つ選び，記号で答えましょう。（　　）

ア　みがくと光る。　　**イ**　電気をよく伝える。

ウ　熱をよく伝える。　　**エ**　磁石に引きつけられる。

★ (2)　この金属球をつくる金属の密度《みつど》を求めましょう。（　　）

★ **2**(2) 金属球の体積は，
金属球を入れたあとの体積－水の体積　になる。

気体の発生と性質①

月　日

7問中　問正解

1 下の図は，気体の集め方を表したものです。次の問いに答えましょう。

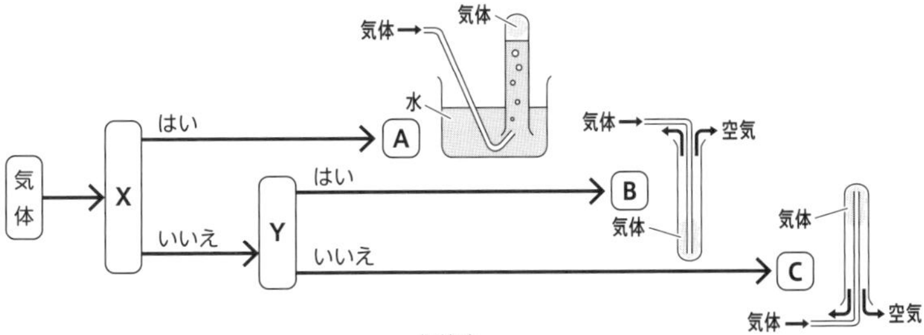

(1) **X**，**Y**にあてはまる気体の特徴《とくちょう》を，次の**ア**～**エ**から1つずつ選び，記号で答えましょう。　**X**（　　）　**Y**（　　）

ア　水によくとける。　**イ**　水にとけにくい。

ウ　密度《みつど》が空気より大きい。　**エ**　密度が空気より小さい。

(2) **A**～**C**の気体の集め方をそれぞれ何といいますか。

A（　　　　）　**B**（　　　　）　**C**（　　　　）

2 右の図のような装置で，気体を発生させました。次の問いに答えましょう。

(1) この実験で発生した気体を石灰水《せっかいすい》に通すと，どのような変化が見られますか。（　　　　）

★(2) この実験で発生した気体は何ですか。（　　　　）

★❷(2) 発生した気体は，水に少しとけ，空気よりも密度が大きい。

気体の発生と性質②

月　　日

8問中　　問正解

1 下の表は，4種類の気体A～Dの性質を調べた結果です。次の問いに答えましょう。ただし，気体A～Dは水素，酸素，アンモニア，二酸化炭素のいずれかです。

気体	におい	空気より重いか軽いか	水へのとけやすさ	水溶液《すいようえき》をリトマス紙につけたときの変化
A	なし	重い	少しとける	青色リトマス紙が赤色に。
B	なし	軽い	とけにくい	変化は見られない。
C	なし	重い	とけにくい	変化は見られない。
D	刺激臭《しげきしゅう》	軽い	とけやすい	赤色リトマス紙が青色に。

(1)　右の図のような方法で集めるのは，**A～D**のどの気体ですか。記号で答えましょう。

(　　)

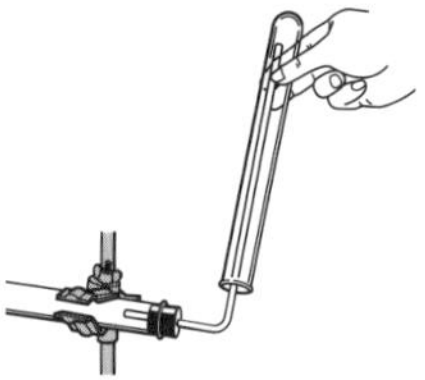

(2)　**A～D**の気体はそれぞれ何ですか。次の**ア**～**エ**から1つずつ選び，記号で答えましょう。

A(　　)　**B**(　　)　**C**(　　)　**D**(　　)

ア　水素　　**イ**　酸素　　**ウ**　アンモニア　　**エ**　二酸化炭素

★(3)　次の①～③にあてはまる気体を，(2)の**ア**～**エ**から1つずつ選び，記号で答えましょう。

①　石灰水《せっかいすい》に通すと，石灰水が白くにごる。　(　　)

②　火を近づけると，音を出して燃える。　(　　)

③　物質《ぶっしつ》を燃やすはたらきがある。　(　　)

★❶(3) ③空気中に体積の割合で約21%ふくまれている。

水溶液の性質

1 10 gの食塩をビーカーの水90 gに入れてよくかき混ぜると，すべてとけました。次の問いに答えましょう。

(1)　液体にとけている物質《ぶっしつ》を何といいますか。また，物質をとかしている液体を何といいますか。

物質（　　　　　）　液体（　　　　　）

(2)　食塩が水にとけたときのようすを，右のア～ウから1つ選び，記号で答えましょう。（　　）

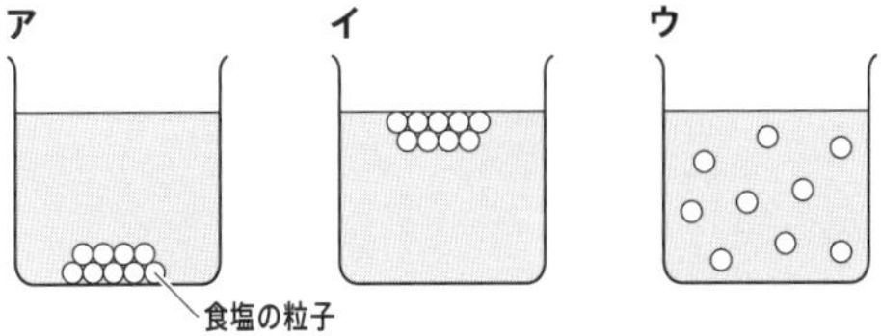

★(3)　この食塩水の質量《しつりょう》パーセント濃度《のうど》は何%ですか。

（　　　　　）

2 右の図は，硝酸《しょうさん》カリウム，ミョウバン，塩化ナトリウムの溶解度《ようかいど》を表しています。次の問いに答えましょう。

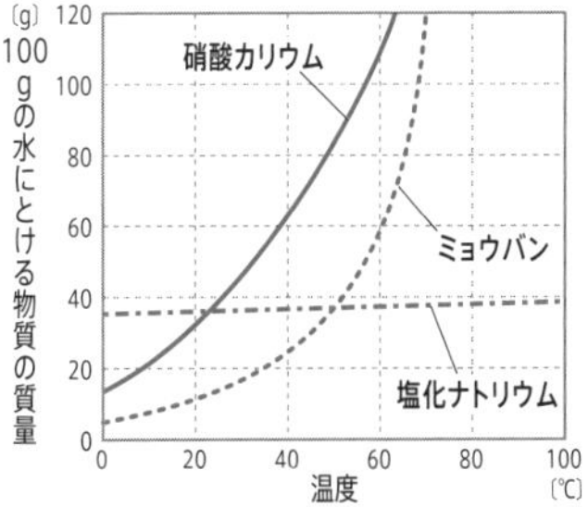

(1)　それぞれの飽和水溶液《ほうわすいようえき》をつくり，水溶液の温度を下げていきました。この方法で，結晶《けっしょう》が少ししか出てこないのは，どの物質の飽和水溶液ですか。（　　　　　）

(2)　溶解度の差を利用して，再び結晶としてとり出す操作を何といいますか。

（　　　　　）

★❶(3) 質量パーセント濃度〔%〕＝$\dfrac{\text{溶質の質量〔g〕}}{\text{溶媒の質量〔g〕}+\text{溶質の質量〔g〕}}$×100

物質の状態変化

英語
数学
国語
理科
社会

1

右の図は，固体の物質《ぶっしつ》を加熱したときの温度変化のようすです。次の問いに答えましょう。

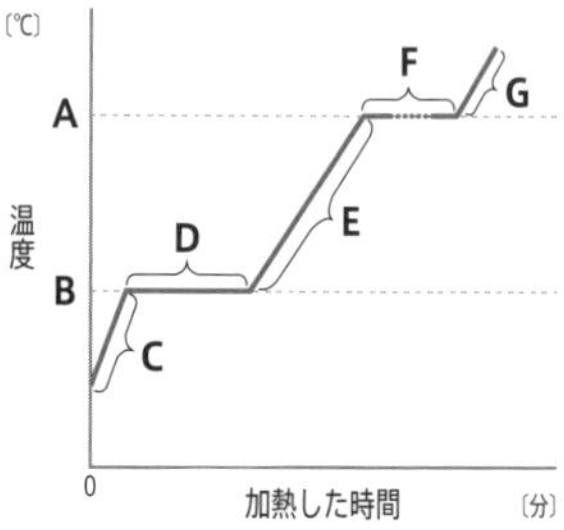

(1)　A，Bの温度を，それぞれ何といいますか。

A（　　　　）　B（　　　　）

★(2)　次の①，②の状態にあるのは，それぞれC～Gのどの部分ですか。

①　固体と液体が混ざった状態（　　）　②　気体（　　）

2

右の図のような装置で，水とエタノールの混合物を加熱しました。次の問いに答えましょう。

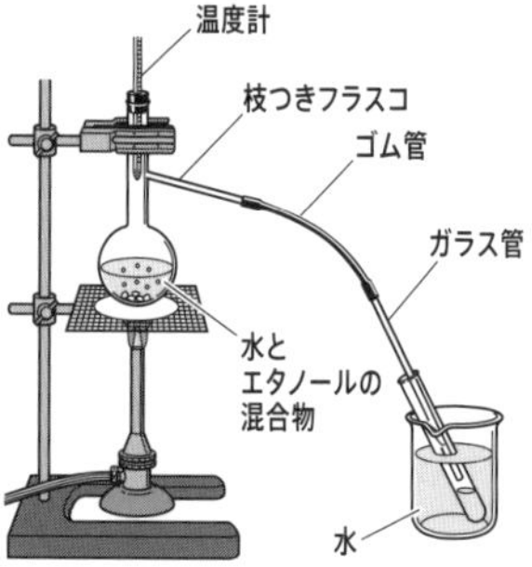

(1)　急な沸騰《ふっとう》を防ぐため，フラスコの中に入れるものを何といいますか。

（　　　　）

(2)　3本の試験管に順に液体を集めました。最初に集めた試験管中の液体に多くふくまれているのは，水，エタノールのどちらですか。（　　　　）

(3)　次の文の①，②にあてはまる語句を書きましょう。

液体を加熱して沸騰させ，出てくる蒸気を冷やして再び液体としてとり出す方法を（①　　　　）という。この方法は，物質ごとの（②　　　　）のちがいを利用したものである。

★❶(2) ①状態変化している間は，温度は一定になる。

光の反射・屈折

月　日

7問中　問正解

1 右の図は，空気中から水中に向かって進む光のようすを表しています。次の問いに答えましょう。

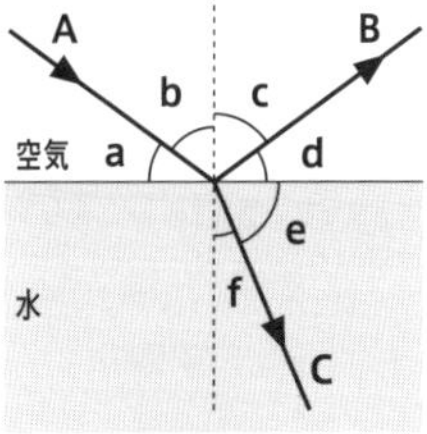

(1)　屈折光《くっせつこう》を表しているのは，**A**～**C**のどれですか。　（　　）

(2)　次の①～③を表しているのは，それぞれ**a**～**f**のどれですか。

①　入射角《にゅうしゃかく》（　　）　②　反射角《はんしゃかく》（　　）　③　屈折角《くっせつかく》（　　）

(3)　次の文は，光が水中から空気中に向かって進むときのようすを述べたものです。文中の①は正しいほうを○で囲み，②はあてはまる語句を書きましょう。

光が水中から空気中に向かって進むとき，入射角が一定以上（①　大きく　・　小さく）なると，すべての光が反射するようになる。この現象を（②　　　　）という。

★ **2** 下の図で，点Aは観測者の位置，点Bは棒の位置を表しています。点Bの像《ぞう》の位置B´と，点Bから出た光が点Aに届くまでの光の道すじを作図しましょう。ただし，作図に使った線は残しておきましょう。

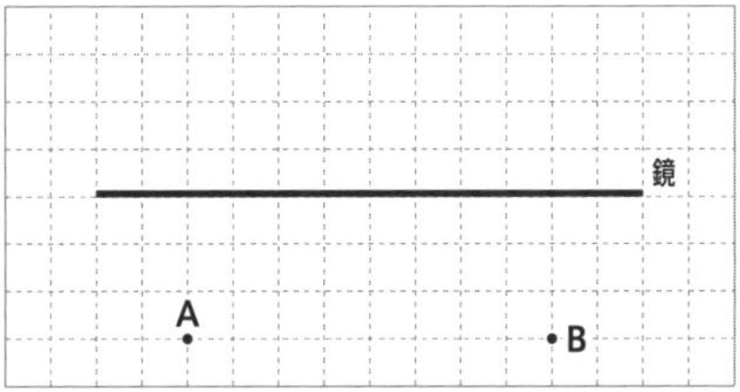

★**2** 鏡に対して，点Bと線対称な位置に点B´ができる。

月　日

凸レンズのはたらき

5問中　問正解

1 右の図のように，凸《とつ》レンズの前に物体《ぶったい》Aを置きました。次の問いに答えましょう。

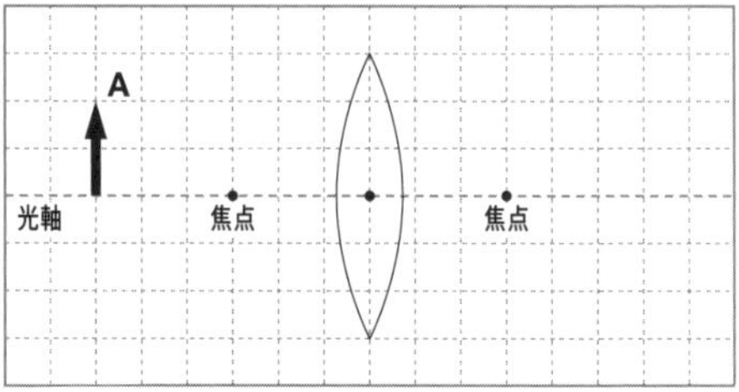

(1) 凸レンズの中心を通った光はどのように進みますか。

(　　　　　　)

★ (2) 上の図に，凸レンズによってできる物体Aの像《ぞう》をかき入れましょう。ただし，作図に使った線は残しておきましょう。

2 右の図のように，凸レンズをはさんで物体とスクリーンを置き，スクリーンに物体の像がはっきりうつる位置を調べました。次の問いに答えましょう。

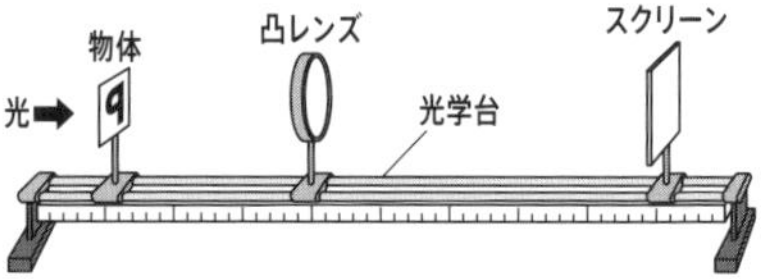

(1) スクリーン上にうつった像を何といいますか。 (　　　　　　)

(2) 物体と同じ大きさの像がスクリーンにうつったとき，物体から凸レンズまでの距離《きょり》と凸レンズからスクリーンまでの距離はどちらも30 cmでした。凸レンズの焦点距離《しょうてんきょり》は何cmですか。

(　　　　　　)

(3) 物体から凸レンズまでの距離が10 cmのとき，凸レンズを通して見ると物体より大きな像が見られました。このような像を何といいますか。 (　　　　　　)

★❶(2) 凸レンズの中心を通る光と光軸に平行な光に注目する。

音の性質

月　日

8問中　問正解

1 花火の光が見えてから2秒後に音が聞こえました。次の問いに答えましょう。

(1) 次の文は，花火の音の伝わり方について述べたものです。文中の①，②にあてはまる語句を書きましょう。

振動《しんどう》して音を出しているものを（①　　　）といい，その振動が（②　　　）中を次々に伝わって耳に達し，音が聞こえる。

(2) 花火から見物していた場所までの距離《きょり》を求めましょう。ただし，空気中を音が伝わる速さを340 m/sとします。（　　　）

2 右の図は，オシロスコープで測定した4種類の音の波形を表しています。次の問いに答えましょう。

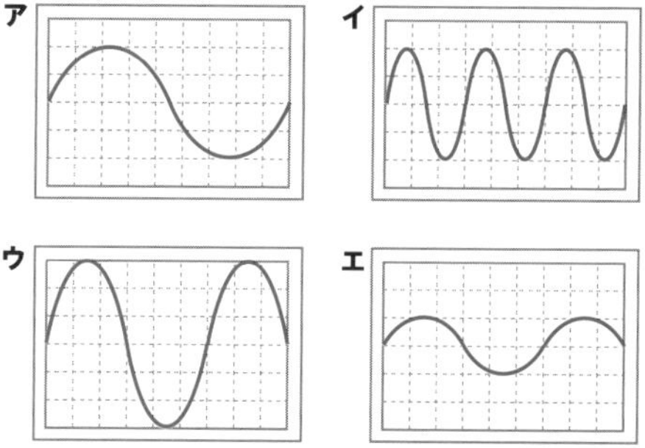

(1) 次の文は，音の振動について述べたものです。文中の①～③にあてはまる語句を書きましょう。

弦《げん》などの振動の振《ふ》れ幅《はば》を（①　　　）という。また，弦が1秒間に振動する回数を（②　　　）といい，単位は（③　　　）(Hz)で表される。

★(2) 次の①，②にあてはまるものを，上の**ア**～**エ**から1つずつ選び，記号で答えましょう。

①　最も大きい音（　　）　②　最も高い音（　　）

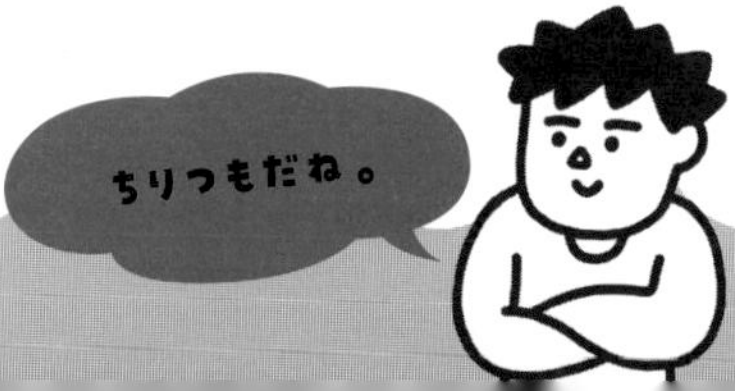

★**2**(2) 音の大きさは振幅が大きいほど大きく，音の高さは振動数が多いほど高い。

力のはたらき

1 机の上に置いた物体《ぶったい》Aには2Nの重力《じゅうりょく》がはたらいています。次の問いに答えましょう。

(1) 1Nを1cmとして，物体Aにはたらく2Nの重力を表す矢印を，右の図にかき入れましょう。ただし，図の1マスの幅を0.5cmとします。

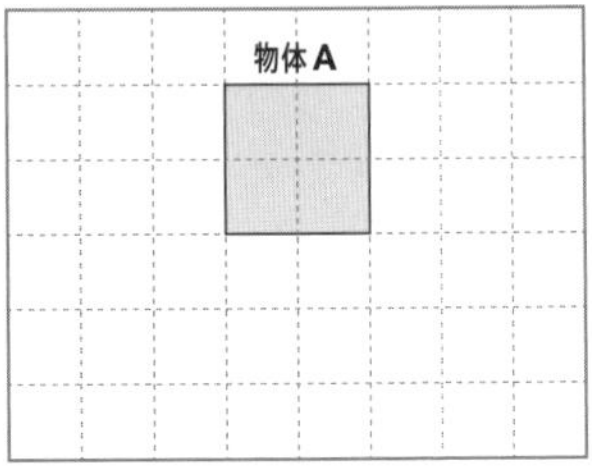

(2) 力の大きさの単位「N」の読み方を答えましょう。

（　　　　　）

2 右の図は，力の大きさとばねののびの関係を表したものです。次の問いに答えましょう。ただし，100gの物体にはたらく重力の大きさを1Nとします。

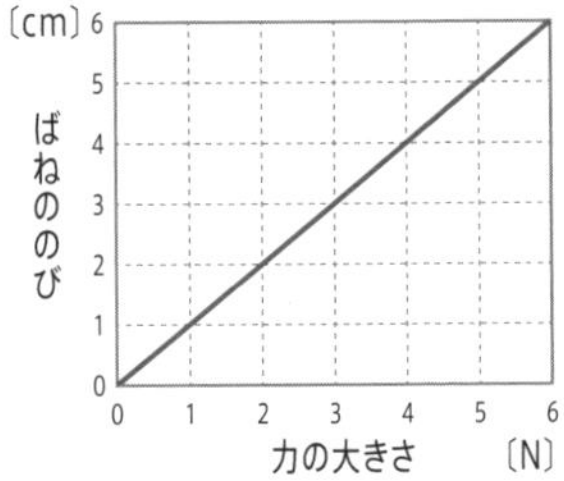

(1) ばねののびは，ばねを引く力の大きさに比例します。これを何の法則といいますか。

（　　　　　）の法則

★(2) このばねに800gのおもりをつり下げると，ばねののびは何cmになりますか。

（　　　　　）

(3) ばねののびが10cmになったとき，ばねを引いた力の大きさは何Nですか。

（　　　　　）

★2(2) まず，ばねに加わる力の大きさ（おもりにはたらく重力と同じ大きさ）を求める。

力のつり合い

月　日

7問中　問正解

1 1つの物体《ぶったい》にはたらく2つの力のつり合いについて，次の問いに答えましょう。

(1) 次の文中の①～③にあてはまる語句を書きましょう。

2力がつり合っているとき，2力は（①　　　　）上にあり，大きさが（②　　　　），向きが（③　　　）向きである。

(2) 矢印で示した2力がつり合っているものを，次の**ア**～**エ**から1つ選び，記号で答えましょう。（　　）

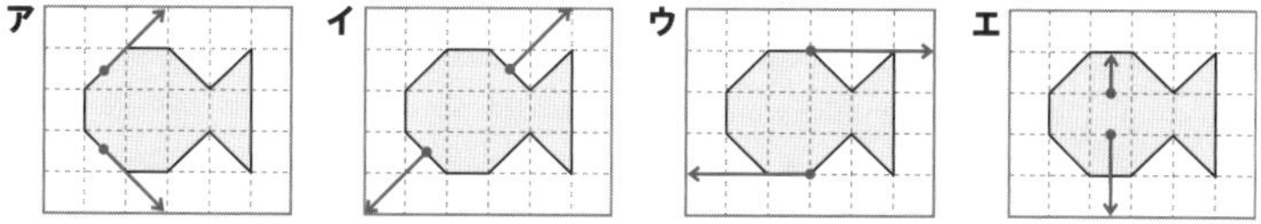

2 下の図は，本にはたらく2つの力のようすを表したものです。次の問いに答えましょう。

図1

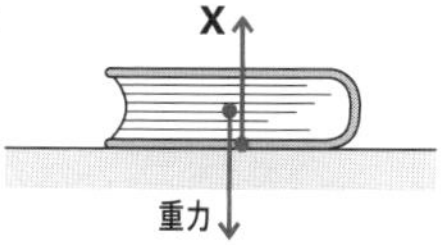

図2

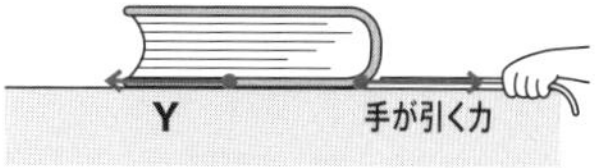

(1) 力**X**，**Y**をそれぞれ何といいますか。

X（　　　　　　）　**Y**（　　　　　　）

★ (2) **図2**で，力**Y**と手が引く力がつり合っているときの本のようすとして正しいものを，次の**ア**～**ウ**から1つ選び，記号で答えましょう。

（　　）

ア　右に動く。

イ　左に動く。

ウ　動かない。

★❷(2) 2力がつり合っているとき，
力がはたらいていないのと同じ状態になる。

73 火山活動と火成岩

月　日

9問中　問正解

1 下の図は，3種類の火山の形を模式的に表したものです。次の問いに答えましょう。

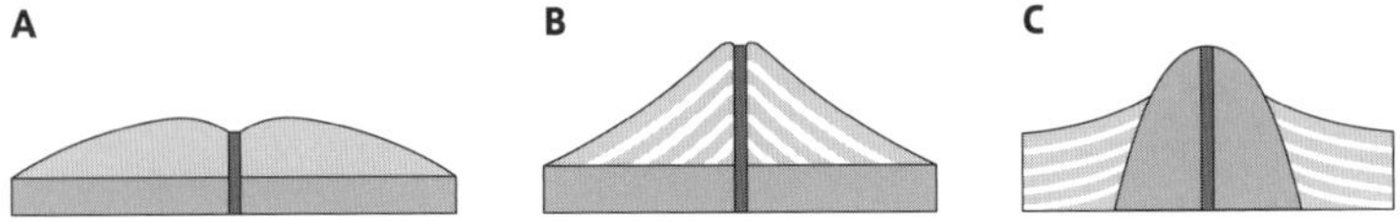

(1) 次の①～③にあてはまる火山の形を，上の**A**～**C**から1つずつ選び，記号で答えましょう。

① 爆発《ばくはつ》的な激しい噴火《ふんか》をする。（　　）

② 溶岩《ようがん》や火山灰《かざんばい》の色が最も黒っぽい。（　　）

③ マグマのねばりけが最も強い。（　　）

(2) 雲仙普賢岳《うんぜんふげんだけ》の形は，**A**～**C**のどれに最も近いですか。（　　）

2 右の図は，2種類の火成岩《かせいがん》のつくりを表しています。次の問いに答えましょう。

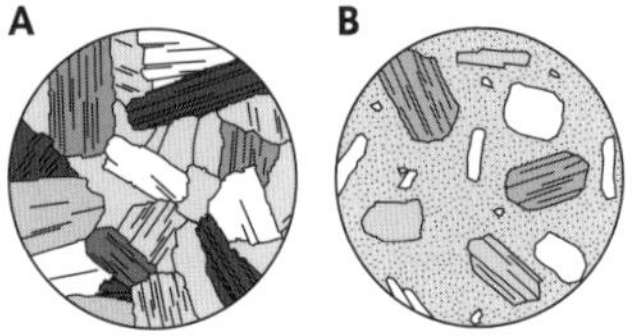

(1) **A**，**B**のような火成岩のつくりを，それぞれ何といいますか。

A（　　　　　　）

B（　　　　　　）

(2) **A**，**B**のようなつくりをした火成岩をそれぞれ何といいますか。

A（　　　　　）　**B**（　　　　　）

★(3) マグマが地下深くでゆっくり冷やされてできたのは，**A**，**B**どちらの火成岩ですか。（　　）

★**2**(3) 地下深くでゆっくり冷やされると，鉱物の結晶が大きく成長する。

74 地震の伝わり方

1 右の図のAは地震《じしん》が発生した場所，BはAの真上の地点を表しています。次の問いに答えましょう。

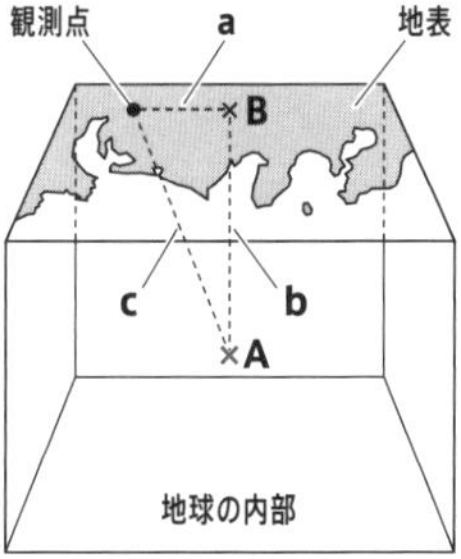

(1) **A，Bをそれぞれ何といいますか。**

A（　　　　）

B（　　　　）

(2) **観測点での震源距離《しんげんきょり》を表しているのは，a～cのどれですか。**（　　）

(3) **観測点でのゆれの大きさを何といいますか。**（　　　　）

2 右の図は，ある地震でのA，B2地点での地震計の記録です。次の問いに答えましょう。

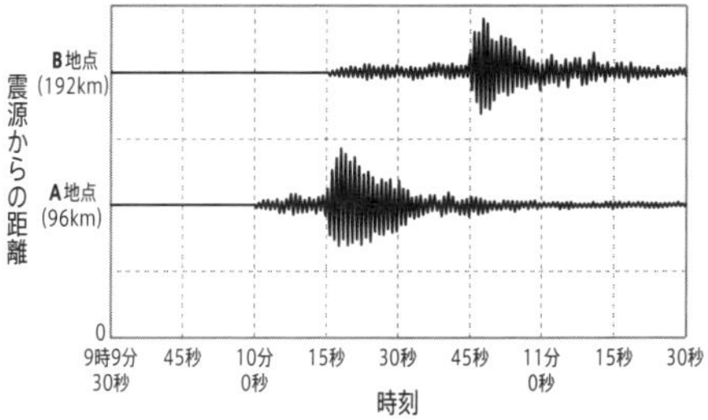

★(1) **A地点での初期微動《しょきびどう》継続時間《けいぞくじかん》は何秒ですか。**

（　　　　）

(2) **次の文中の①～③にあてはまる語句や数値を書きましょう。**

主要動《しゅようどう》を伝える波を（①　　　　）といい，A地点とB地点にこの波が到着した時刻の差は（②　　　　）秒である。よって，主要動を伝える波の速さは（③　　　　）km/sである。

★2(1) 初期微動が始まってから主要動が始まるまでの時間を初期微動継続時間といい，P波とS波が届いた時刻の差と等しい。

地層と過去のようす

英語
数学
国語
理科
社会

1 右の図は，れき，砂，泥《どろ》が海底に堆積《たいせき》するようすを表したものです。次の問いに答えましょう。

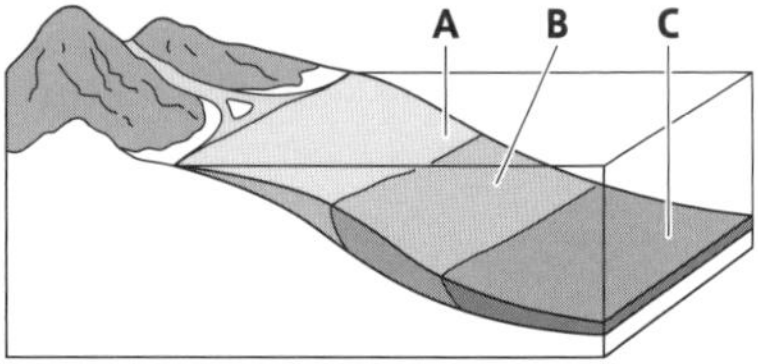

(1) 岩石が長い間に，気温の変化などによって，表面からくずれていく現象を何といいますか。（　　　）

(2) **A～C**では，れき，砂，泥のどれがおもに堆積していますか。

A（　　　）　**B**（　　　）　**C**（　　　）

2 図1は，ある場所で見られた地層《ちそう》のようすです。次の問いに答えましょう。

図1

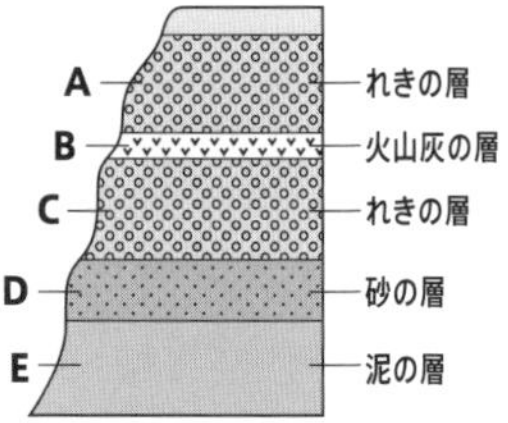

(1) 限られた時代に生存していた生物の化石から，地層が堆積した時代を推定できます。このような化石を何といいますか。（　　　）

★(2) **C**層～**E**層が堆積した間に，この付近の海水面は，上昇しましたか。または，下降しましたか。

（　　　）

図2

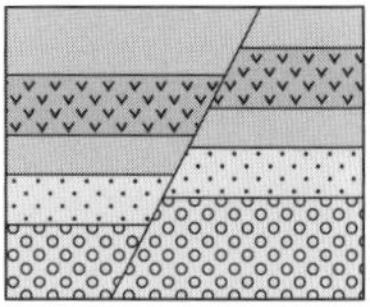

(3) **図2**のような大きな力による地層のずれを何といいますか。

（　　　）

★❷(2) ふつう，地層は下にあるものほど古いので，泥の層→砂の層→れきの層の順に堆積したと考えられる。

まとめテスト

月　　日

/100点

1 右の図のように，凸《とつ》レンズをはさんで「P」と書かれた物体《ぶったい》とスクリーンを置き，うつった物体の像《ぞう》を調べました。次の問いに答えましょう。（6点×3）

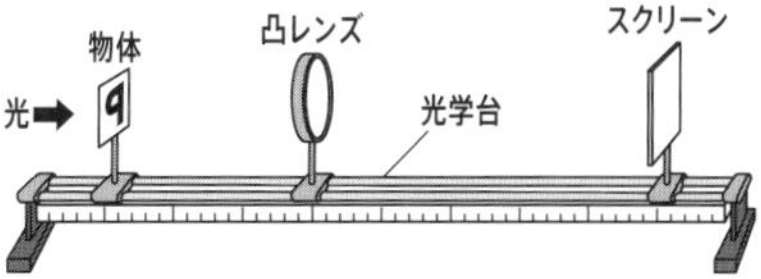

(1)　凸レンズ側から見たとき，スクリーン上にどのような像がうつりますか。次の**ア**～**エ**から1つ選び，記号で答えましょう。（　　）

(2)　次の文中の①，②にあてはまる語句を○で囲みましょう。

物体を凸レンズに近づけていくと，像がはっきりうつるときの凸レンズからスクリーンまでの距離《きょり》は（①　大きく　・　小さく　）なり，像の大きさは（②　大きく　・　小さく　）なる。

2 下の表のA～Dの気体はそれぞれ何ですか。（5点×4）

A（　　　　）　**B**（　　　　）
C（　　　　）　**D**（　　　　）

気体	つくり方
A	二酸化マンガンにうすい過酸化水素水《かさんかすいそすい》(オキシドール)を加える。
B	鉄にうすい塩酸を加える。
C	石灰石《せっかいせき》にうすい塩酸を加える。
D	塩化アンモニウムと水酸化カルシウムを混ぜて加熱する。

→裏に続きます。

3 次のア～エの植物について，あとの問いに答えましょう。（5点×4）

ア スギ　**イ** ユリ　**ウ** スギナ　**エ** ゼニゴケ

⑴ 種子《しゅし》をつくってなかまをふやす植物を，上の**ア**～**エ**からすべて選び，記号で答えましょう。（　　　）

⑵ 種子をつくらない植物は，何をつくってなかまをふやしますか。（　　　）

⑶ 葉・茎《くき》・根の区別がある植物を，上の**ア**～**エ**からすべて選び，記号で答えましょう。（　　　）

⑷ 子房《しぼう》がなく，胚珠《はいしゅ》がむき出しの植物を，上の**ア**～**エ**から1つ選び，記号で答えましょう。（　　）

4 右の図は，ある地震《じしん》における震源《しんげん》からの距離《きょり》とP波《ピーは》，S波《エスは》が観測点に届くまでの時間の関係を表したものです。次の問いに答えましょう。（7点×6）

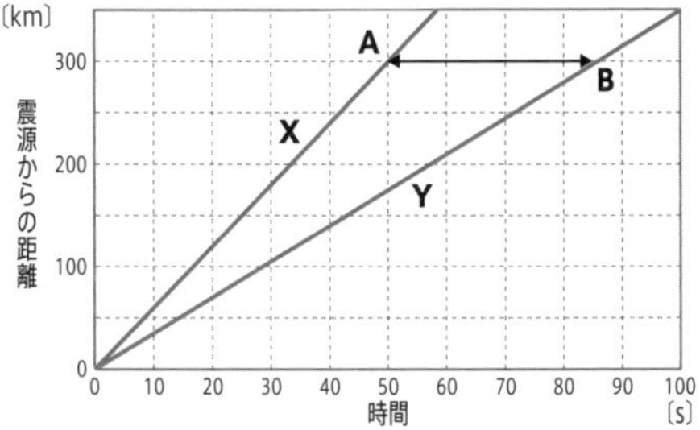

⑴ 主要動《しゅようどう》を起こす波は，**X**，**Y**のどちらですか。（　　）

⑵ **A**，**B**の時間差を何といいますか。（　　　　）

⑶ この地震でのS波の速さは何km/sですか。（　　　）

⑷ 次の文は，地震について述べたものです。文中の①，②にあてはまる語句を書きましょう。

　地震のゆれの大きさは（①　　　　　）で表され，地震そのものの規模は（②　　　　　）で表される。

⑸ 過去にくり返しずれ動き，今後も活動する可能性のある断層《だんそう》を何といいますか。（　　　）

世界の姿

月　　日

6問中　　問正解

I 次の問いに答えましょう。(　　　)にはあてはまる語句を入れましょう。

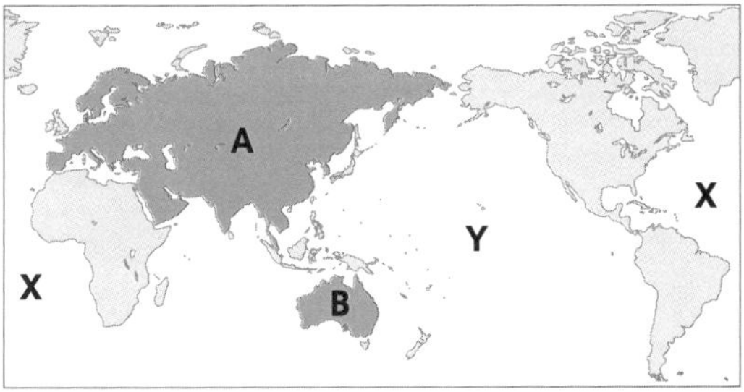

★ (1)　**A・B**の大陸，**X・Y**の海洋をそれぞれ何といいますか。

A（　　　　　　大陸）　**B**（　　　　　　大陸）

X（　　　　　　洋）　**Y**（　　　　　　洋）

★ (2)　**B**の大陸が属する州を何といいますか。　（　　　　州）

(3)　国と国との境を国境といいます。緯線《いせん》や経線を利用した国境を示したものを，次の**ア**～**ウ**から選びなさい。　（　　）

ア

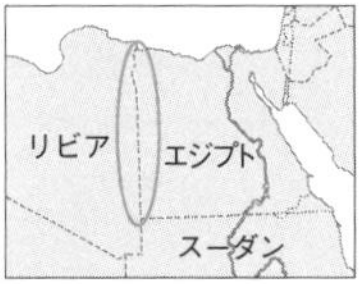

イ

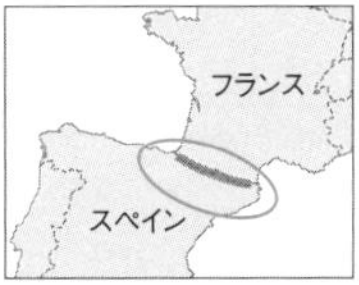

ウ

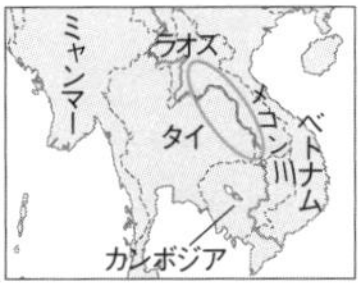

★ ❶(1) **A**は面積が最大の大陸。**B**は面積が最小の大陸。
★ ❶(2) **B**の大陸と，ニュージーランド，**Y**の島々などからなる州。

緯度と経度，時差，世界地図

月　　日

8問中　　問正解

1 次の問いに答えましょう。（　　）にはあてはまる語句を入れ，〔　　〕から正しい語句を選びましょう。

(1)　緯度《いど》は，〔① 赤道《せきどう》 ・ 本初子午線《しごせん》〕を 0 度として，南北をそれぞれ（②　　　　）度ずつに分けたものです。

(2)　経度は，〔① 赤道 ・ 本初子午線〕を 0 度として，東西をそれぞれ（②　　　　）度ずつに分けたものです。

(3)　中心の地点からその他の地点への距離《きょり》と方位が正しい地図を，次の**ア**～**ウ**から選びなさい。（　　）

ア

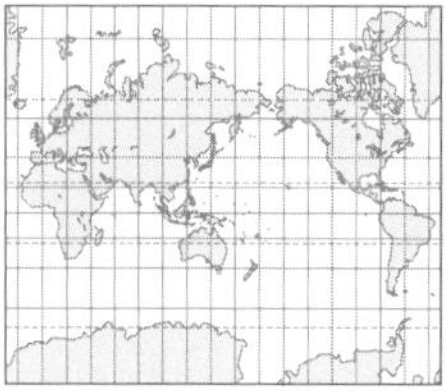

イ

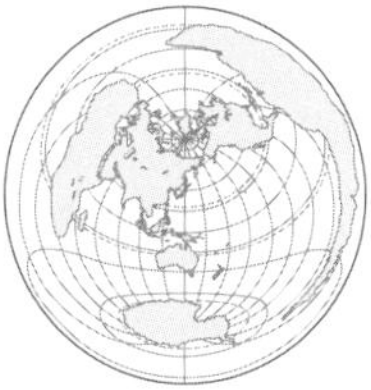

ウ

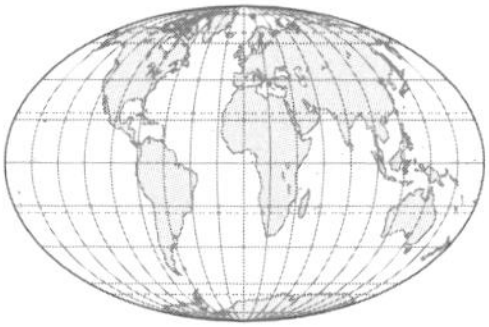

★ (4)　世界各地の標準時のずれを（①　　　　）といいます。経度〔② 15 ・ 30〕度で 1 時間の時差が生じるので，日本と，経度 0 度のイギリスのロンドンの①は，（③　　　　）時間となります。

★ 1 (4) 日本の標準時は，兵庫《ひょうご》県明石《あかし》市を通る東経135度の経線上の時刻。「時差＝経度差÷15」なので，135÷15を計算する。

日本の姿

1 次の問いに答えましょう。〔　　〕から正しい語句を選びましょう。

(1)　日本列島を構成する 4 つの大きな島は，九州，四国と，あと 2 つは何ですか。　（　　　　）（　　　　）

(2)　地図は日本の 7 地方区分を示しています。地図中の **A**～**C** にあてはまる地方を答えなさい。

（**A**　　　　地方）
（**B**　　　　地方）
（**C**　　　　地方）

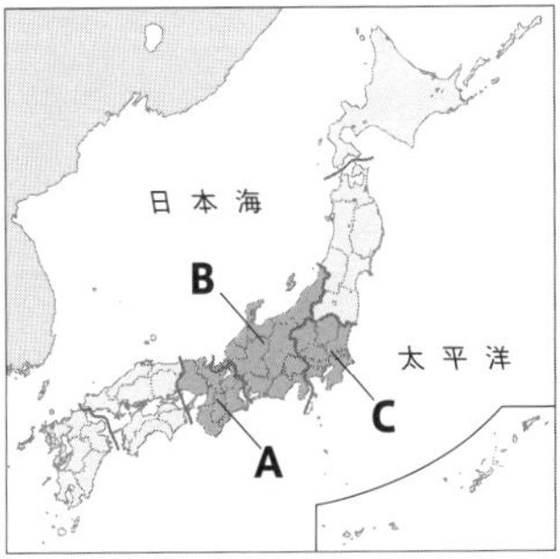

★ (3)　日本の南北の端《はし》にある島を，それぞれ次の**ア**～**エ**から選びなさい。

ア　南鳥島《みなみとりしま》　**イ**　沖ノ鳥島《おきのとりしま》　**ウ**　与那国島《よなぐにじま》　**エ**　択捉島《えとろふとう》

北端《ほくたん》の島（　　）　南端《なんたん》の島（　　）

★ (4)　〔①　竹島《たけしま》　・　尖閣諸島《せんかくしょとう》　〕は，島根県に属する日本固有の領土ですが，現在〔②　中国《ちゅうごく》　・　韓国《かんこく》　〕に不法に占拠《せんきょ》されています。

★ ❶(3) 北端は北海道，南端は東京都に属する島。
★ ❶(4) ①のほか領土をめぐる問題があるのは，北海道に属する北方領土。

世界各地の人々の生活と環境

月　日

7問中　問正解

1 次の問いに答えましょう。〔　〕から正しい語句を選びましょう。

★ (1) 次の①，②にあてはまる宗教を答えなさい。

① 西アジアを中心に信者が多い。ムハンマドが開いた。

② インドの国民の約 8 割が信仰《しんこう》している。

（①　　教）（②　　教）

(2) 次の①～③にあてはまる気候を，あとの**ア**～**カ**から選びなさい。

① 熱帯のうち，雨季と乾季《かんき》がはっきりと分かれる気候。

② 乾燥帯《かんそうたい》のうち，わずかに降水量があり草原が広がる気候。

③ 温帯のうち，偏西風《へんせいふう》と暖流の影響《えいきょう》で高緯度《こういど》のわりに温暖な気候。

ア ステップ気候　**イ** 西岸海洋性《せいがんかいようせい》気候　**ウ** 熱帯雨林気候

エ サバナ気候　**オ** 地中海《ちちゅうかい》性気候　**カ** ツンドラ気候

（①　）（②　）（③　）

★ (3) 写真は，〔① アンデス ・ アルプス 〕山脈の高地に暮らす先住民の衣服でポンチョといいます。主に〔② 羊 ・ アルパカ 〕の毛でつくられています。

(Cynet Photo)

★ ❶(1) ①三大宗教の 1 つ。
★ ❶(3) このような標高の高い地域特有の気候を高山気候という。

世界の諸地域　アジア

月　　日

5問中　　問正解

1 次の問いに答えましょう。

(1)　次の①～③にあてはまる国を，あとの**ア**～**エ**から選びなさい。

①　ベンガルールなどで情報通信技術（ICT）関連産業が発達。

②　人口は14億人を超《こ》え，その約 9 割が漢族（漢民族）。

③　1960年代から工業化を進め，アジア NIES の一つに。首都はソウル。

ア　インド　　**イ**　中国　　**ウ**　タイ　　**エ**　韓国

（①　　）（②　　）（③　　）

★ (2)　グラフは，アジアで生産がさかんな農作物の国別輸出量の割合です。この農作物を，次の**ア**～**エ**から選びなさい。

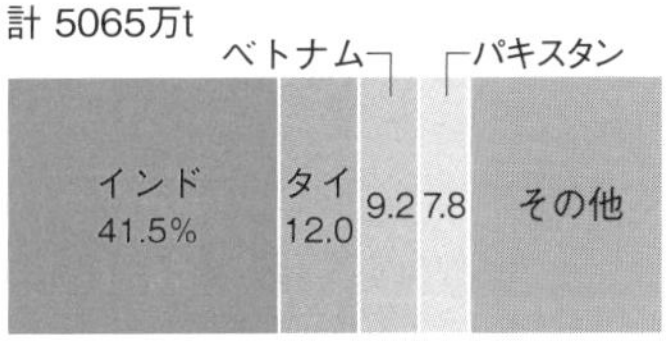

(2021年)(2023/24年版「世界国勢図会」)

ア　小麦　　**イ**　天然ゴム

ウ　米　　**エ**　油やし

（　　）

★ (3)　東南アジアなどで行われている，主に輸出向けの農作物を大規模に栽培《さいばい》する大農園を何といいますか。

（　　）

★ 1(2) 国別生産量の 1 位は中国，2 位はインド。
★ 1(3) 欧米《おうべい》諸国の植民地時代に開かれた大農園。

月　日

5問中　問正解

世界の諸地域　ヨーロッパ

I 次の問いに答えましょう。（　　　）にはあてはまる語句を入れ，〔　　　〕から正しい語句を選びましょう。

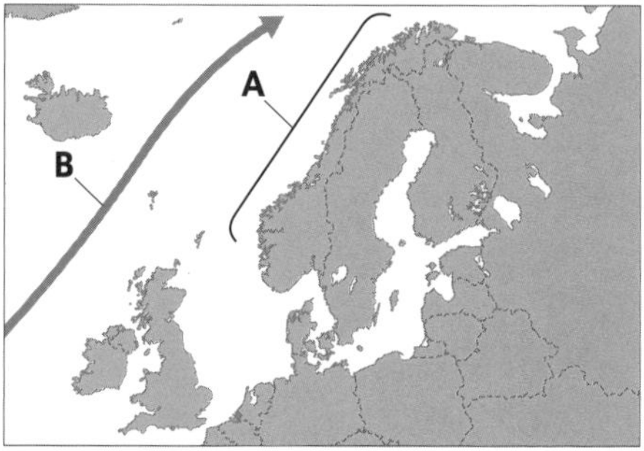

★ (1)　地図中の**A**でみられる，細長く奥行きのある湾《わん》を何といいますか。

（　　　　　　）

(2)　地図中の**B**の海流を（① 　　　　　）海流といいます。この海流は〔② 暖流 ・ 寒流 〕です。

(3)　ヨーロッパの国々が政治的・経済的な統合を進めるため，1993年に発足させた組織をアルファベットで何といいますか。

（　　　　　　）

★ (4)　ヨーロッパで行われている，乾燥《かんそう》する夏にオリーブやぶどうなど，夏より雨が多くなる冬に小麦などを栽培《さいばい》する農業を何といいますか。次の**ア**～**ウ**から選びなさい。

ア　混合農業　　**イ**　地中海式《ちちゅうかい》農業　　**ウ**　企業的《きぎょうてき》な農業

（　　）

★ I(1) 氷河で削《けず》られた谷に海水が入ってできた湾。
★ I(4) **ア**は，ドイツなどヨーロッパ北部でさかん。

83 世界の諸地域　アフリカ

1 次の問いに答えましょう。

★ (1)　次の①，②は，アフリカ大陸の地形について説明しています。それぞれの(　　　)にあてはまる語句を答えなさい。

①　北部には，世界最大の(　　　　)砂漠《さばく》が広がる。

②　東部には，世界最長の(　　　　)川が流れる。

(①　　　　　砂漠)　(②　　　　　川)

(2)　グラフは，ギニア湾岸《わんがん》で生産がさかんな農作物の国別生産量の割合です。この農作物を答えなさい。

(　　　　　　)

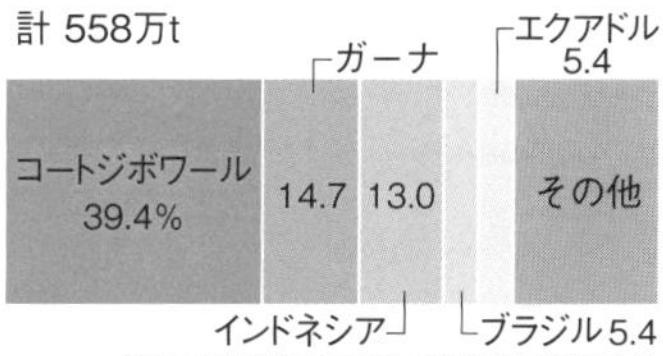

(2021年)(2023/24年版「世界国勢図会」)

(3)　アフリカ州の国の多くにみられる，特定の農作物や鉱産資源の輸出に頼《たよ》る経済《けいざい》を何といいますか。　(　　　　　経済)

★ (4)　アフリカ州の55の国と地域が，政治的・経済的な結びつきを強化するために結成した国際機関を，次の**ア**～**エ**から選びなさい。

ア　EU《イーユー》　**イ**　AU《エーユー》　**ウ**　APEC《エイペック》　**エ**　ASEAN《アセアン》

(　　)

★ 1(1) ①南部のサヘルと呼ばれる地域で，砂漠化の被害《ひがい》が深刻。
★ 1(4) アフリカ連合のアルファベットの略称を選ぶ。

世界の諸地域　北アメリカ

1 次の問いに答えましょう。〔　　〕から正しい語句を選びましょう。

★ (1)　ロッキー山脈の東に広がり，小麦やとうもろこしの栽培《さいばい》がさかんな高原状の大平原を何といいますか。次の**ア**～**ウ**から選びなさい。

ア　パンパ　　**イ**　タイガ　　**ウ**　グレートプレーンズ

(　　)

★ (2)　グラフは，ある農作物の国別生産量の割合です。食用や飼料，バイオ燃料（バイオエタノール）の原料として利用されているこの農作物を，次の**ア**～**エ**から選びなさい。

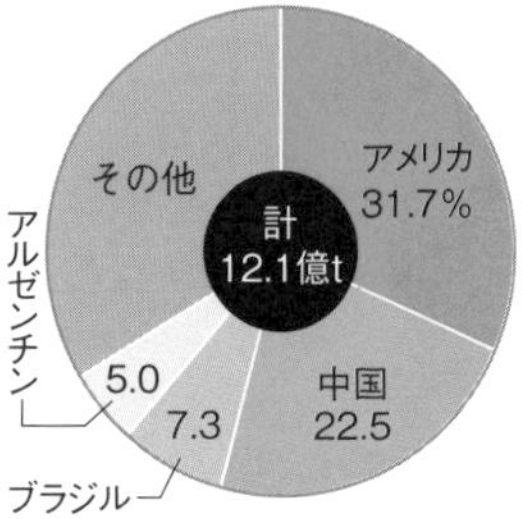

(2021年)（2023/24年版「世界国勢図会」）

ア　小麦　　**イ**　とうもろこし
ウ　さとうきび　　**エ**　オリーブ

(　　)

(3)　現在，アメリカ合衆国の工業の中心地は，北緯《ほくい》37度以南の〔① サンベルト ・ 太平洋ベルト 〕よばれる地域です。中でもサンフランシスコの南に位置する〔② シリコンバレー ・ シリコンアイランド 〕には，情報通信技術（ICT）関連企業《きぎょう》が集中しています。

★ 1(1) 豊富な地下水を利用した大規模な灌漑《かんがい》農業が行われている。
★ 1(2) **ウ**は，主にブラジルでバイオ燃料の原料として利用されている。

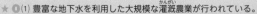

85 世界の諸地域　南アメリカ

1 次の問いに答えましょう。（　　）にはあてはまる語句を入れ，〔　　〕から正しい語句を選びましょう。

(1)　地図中の**A**の山脈を何といいますか。　（　　　　　山脈）

★ (2)　ラプラタ川流域に広がり，世界有数の農業地帯である地図中の**B**の草原を〔　プレーリー　・　パンパ　〕といいます。

(3)　流域面積が世界最大で，熱帯林《ねったいりん》が広がる（①　　　　　）川流域では，先住民が移動しながら〔②　遊牧《ゆうぼく》　・　焼畑農業　〕を続けることで森林を守ってきました。

★ (4)　グラフは，ブラジルが輸出量も世界一である農作物の生産量の割合です。この農作物を，次の**ア**～**エ**から選びなさい。

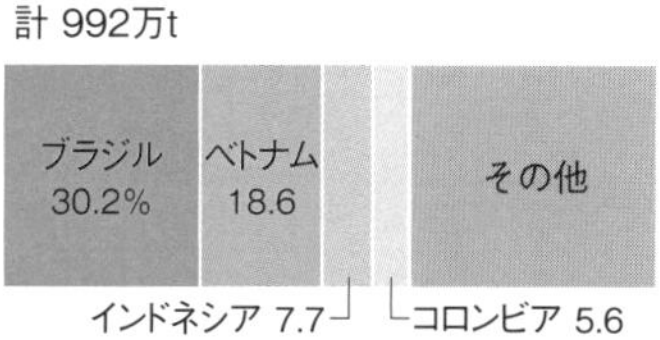

（2021年）（2023/24年版「世界国勢図会」）

ア　カカオ豆　　**イ**　コーヒー豆　　**ウ**　バナナ　　**エ**　小麦

（　　　　　）

★ 1(2) プレーリーはミシシッピ川の西に広がる大草原。
★ 1(4) 大農園で栽培《さいばい》されている。1970年代は輸出の中心だった。

世界の諸地域　オセアニア

月　　日

6問中　　問正解

1 次の問いに答えましょう。〔　　〕から正しい語句を選びましょう。

★ (1)　オーストラリアとニュージーランドの先住民をそれぞれ何といいますか。次の**ア**～**エ**から選びなさい。

ア　マオリ　　**イ**　イヌイット

ウ　アボリジニ　　**エ**　メスチーソ(メスチソ)

オーストラリア（　　）

ニュージーランド（　　）

(2)　オーストラリアは鉱産資源が豊富で，世界各国へ輸出しています。中でも，鉄鉱石は〔① **北西部** ・ **北東部** 〕で，石炭は〔② **西部** ・ **東部** 〕で多く産出されています。グラフは，〔③ **鉄鉱石** ・ **石炭** 〕の日本の輸入先を示しています。

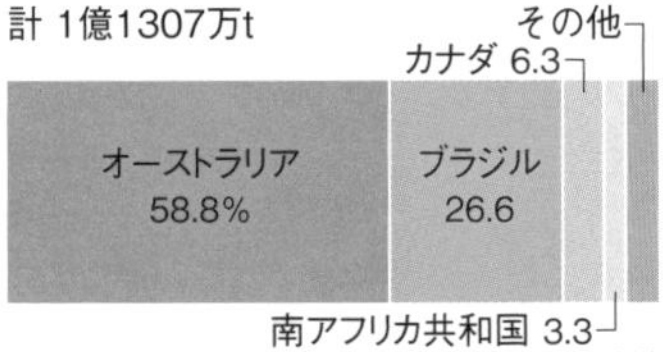

(2021年)(2023/24年版「日本国勢図会」)

★ (3)　かつてオーストラリアでとられていた，ヨーロッパ系以外の移民を制限した政策を何といいますか。（　　　主義）

★ ❶(1) **イ**はカナダ北部の北極圏《けん》付近に住む先住民。
★ ❶(3) 労働力確保や経済発展のため，1970年代に廃止された。

日本の自然環境

1 次の問いに答えましょう。（　　）にはあてはまる語句を入れ，〔　　〕から正しい語句を選びましょう。

(1) 日本の国土は約 4 分の 3 が〔 山地 ・ 平地 〕です。

(2) 本州中央部に連なる飛驒《ひだ》山脈，木曽《きそ》山脈，赤石《あかいし》山脈をまとめて（　　　　），または「日本の屋根」といいます。

★ (3) 日本でみられる次の①～③の地形を何といいますか。

①山地から運ばれた土砂が谷口に積もってできた扇形《おうぎがた》の地形。

②河口付近に土砂が積もってできた三角形に似た低く平らな土地。

③山地が海に沈《しず》み込《こ》んでできた，湾《わん》と岬《みさき》が入り組んだ海岸地形。

（①　　　）（②　　　）（③　　　）

(4) ①，②の雨温図が示している気候を，次の**ア**～**エ**から選びなさい。

ア 中央高地（内陸）の気候

イ 太平洋側の気候

ウ 日本海側の気候

エ 北海道の気候

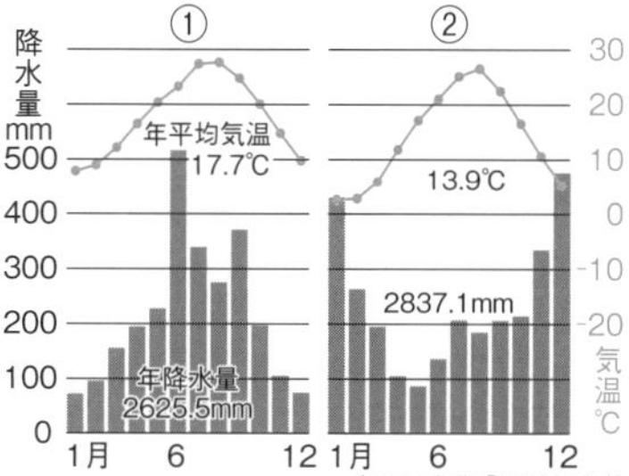

（2023年版「理科年表」）

（①　　）（②　　）

★ **1**(3) 主に①は果樹園，②は水田に利用されている。
③は三陸《さんりく》海岸，志摩《しま》半島，若狭《わかさ》湾などにみられる。

文明のおこり

月　日

6問中　問正解

1 主な古代文明がおこった地域を示した次の地図を見て答えましょう。(　　　) にはあてはまる語句を入れ，〔　　　〕から正しい語句を選びましょう。

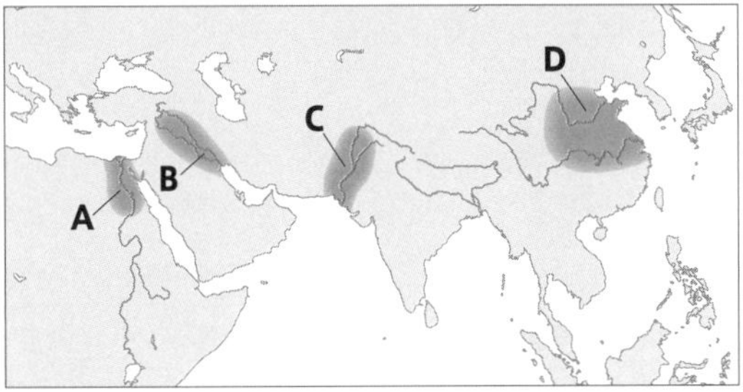

(1)　**A**の地域では (① 　　　　　) 文明がおこりました。この文明では，〔② **太陽暦《れき》** ・ **太陰《たいいん》暦**〕がつくられました。

★ (2)　**B**の地域では，(① 　　　　　) 文明がおこりました。この文明では，〔② **くさび形** ・ **象形（神聖）**〕文字がつくられました。

(3)　**C**の地域でおこった文明を何といいますか。

(　　　　　　文明)

★ (4)　**D**の地域の黄河《こうが》《ホワンホー》流域でおこった殷《いん》という国でつくられた文字を何といいますか。　(　　　　　　文字)

★ 1(2) この文明では，月の満ち欠けに基づく太陰暦がつくられた。
★ 1(4) この文字は，現在の漢字のもとになった。

89 旧石器時代～弥生時代

月　　日

5問中　　問正解

1 次の問いに答えましょう。

(1)　人々が狩《か》りや採集を行って，移動しながら生活していた時代を何といいますか。

(　　　　)

(2)　1万数千年ほど前からつくられ始めた，縄目《なわめ》のような文様が付けられているものが多い土器を何といいますか。

(　　　　)

(3)　右の写真は弥生《やよい》時代につくられた青銅器です。このような青銅器を何といいますか。次の**ア**～**ウ**から選びなさい。

ア　銅剣《どうけん》　　**イ**　銅矛《どうほこ》　　**ウ**　銅鐸《どうたく》

(　　)

(ColBase)

(4)　縄文《じょうもん》時代の人々が暮らし始めた住居を何といいますか。

(　　　　)

★(5)　次の**ア**～**ウ**をつくられ始めた順に並べなさい。

ア　高床《たかゆか》倉庫　　**イ**　打製石器　　**ウ**　貝塚《かいづか》

(　　→　　→　　)

★ **1**(5) **ア**収穫《しゅうかく》した稲《いね》を蓄《たくわ》えた倉庫。**イ**石を打ち欠いてつくった石器。
ウ食べ終わったあとの貝殻《かいがら》などが積もってできた遺跡《いせき》。

古墳時代

月　日

5問中　問正解

1 次の問いに答えましょう。(　　)にはあてはまる語句を入れましょう。

(1)　3世紀後半，大和《やまと》(奈良県)を中心とする近畿《きんき》地方の有力な豪族《ごうぞく》たちが連合して(①　　　　)をつくりました。5世紀後半になると，①の王は(②　　　　)と呼ばれました。

(2)　王や豪族たちの墓を古墳《こふん》といいます。写真は，大阪府堺《さかい》市にある大仙《だいせん》古墳です。この古墳に代表される，前が四角形で後ろが円形の古墳を何といいますか。

(　　　　墳)

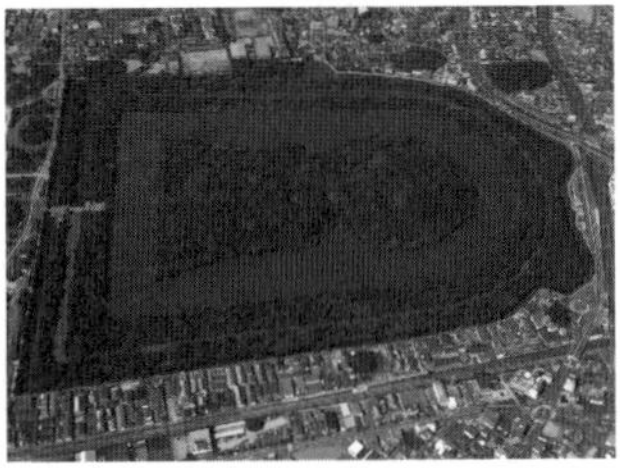

(Gakken 写真資料)

★ (3)　古墳時代に朝鮮《ちょうせん》半島などから日本列島に移り住み，さまざまな技術や文化を伝えた人々を何といいますか。(　　　　)

★ (4)　古墳時代につくられ始めたものを，次の**ア**～**エ**から選びなさい。

ア　土偶《どぐう》　**イ**　青銅器《せいどうき》　**ウ**　埴輪《はにわ》　**エ**　石包丁《いしぼうちょう》

(　　)

★ ❶(3) 文化の面では，漢字や儒学《じゅがく》（儒教），仏教などを伝えた。
★ ❶(4) 古墳の頂上や周りに置かれたものを選ぶ。

飛鳥時代～奈良時代

月　　日

6問中　　問正解

1 次の問いに答えましょう。〔　　〕から正しい語句を選びましょう。

(1) 聖徳太子《しょうとくたいし》は，役人の心構えを示した
〔 冠位《かんい》十二階　・　十七条の憲法 〕を定めました。

(2) 中大兄皇子《なかのおおえのおうじ》らが，蘇我《そが》氏をたおして始めた政治改革を何といいますか。
（　　　　）

(3) 律令制の下，〔① 班田収授法《はんでんしゅうじゅのほう》　・　墾田永年私財法《こんでんえいねんしざいのほう》〕によって，人々に〔② 荘園《しょうえん》　・　口分田《くぶんでん》〕が与《あた》えられました。

★(4) 次の**ア**～**エ**の４人の天皇を，活躍《かつやく》した順に並べなさい。
ア 天武《てんむ》天皇　**イ** 天智《てんじ》天皇　**ウ** 推古《すいこ》天皇　**エ** 聖武《しょうむ》天皇
（　　→　　→　　→　　）

★(5) 写真の大仏がまつられている寺を，次の**ア**～**エ**から選びなさい。
ア 興福《こうふく》寺　**イ** 法隆《ほうりゅう》寺
ウ 東大《とうだい》寺　**エ** 広隆《こうりゅう》寺
（　　）

（文化庁デジタルコンテンツ）

★ 1(4) **ア**と**イ**は兄弟で，**ア**が弟。**ウ**は聖徳太子のおば。
★ 1(5) 平城京《へいじょうきょう》に国分寺《こくぶんじ》の中心として建てられた寺を選ぶ。

平安時代

1 次の問いに答えましょう。(　　　)にはあてはまる語句を入れ，〔　　　〕から正しい語句を選びましょう。

(1)　794年，(　　　　　　)天皇が平安京《へいあんきょう》に都を移して，平安時代が始まりました。

★ (2)　平安時代の初め，唐《とう》にわたって仏教を学び，真言宗《しんごんしゅう》を開いた僧の〔① **最澄《さいちょう》**　・　**空海《くうかい》**〕は，高野山《こうやさん》に〔② **延暦寺《えんりゃくじ》**　・　**金剛峯寺《こんごうぶじ》**〕を建てました。

★ (3)　右の歌を詠《よ》んだ〔① **藤原道長《ふじわらのみちなが》**　・　**藤原頼通《よりみち》**〕は，(②　　　　　　)政治の全盛期を築きました。

この世をば
わが世とぞ思う
望月《もちづき》の　欠けたることも
無しと思えば

(4)　かな（仮名）文字を用いた作品である次の①～③に関係の深い人物を，あとの**ア**～**ウ**から選びなさい。

①　『古今《こきん》和歌集』　②　『枕草子《まくらのそうし》』　③　『源氏《げんじ》物語』

ア　清少納言《せいしょうなごん》　**イ**　紀貫之《きのつらゆき》　**ウ**　紫式部《むらさきしきぶ》

(①　　)　(②　　)　(③　　)

★ 1(2) 最澄は天台宗《てんだいしゅう》を始めた僧。
★ 1(3) ①頼通は平等院鳳凰堂《びょうどういんほうおうどう》を建てた。②摂政《せっしょう》や関白《かんぱく》という職に就いて政治を行う。

平安時代～鎌倉時代

月　日

5問中　問正解

英語
数学
国語
理科
社会

1 次の問いに答えましょう。〔　〕から正しい語句を選びましょう。

(1)　1086年，白河《しらかわ》天皇が上皇となり，摂政《せっしょう》や関白《かんぱく》の力を抑《おさ》えて始めた政治を何といいますか。　（　　　）

★ (2)　保元《ほうげん》の乱《らん》と平治《へいじ》の乱に勝利した〔 平清盛《たいらのきよもり》 ・ 源頼朝《みなもとのよりとも》 〕は，12世紀後半に，初めての武士の政権を成立させました。

(3)　鎌倉《かまくら》幕府の将軍と御家人《ごけにん》は，どのような主従関係を結びましたか。
（　　　と　　　の主従関係）

(4)　写真は，運慶《うんけい》らがつくった彫刻《ちょうこく》です。これを何といいますか。
（　　　像）

（東大寺 / 撮影：飛鳥園）

★ (5)　次の**ア**～**エ**の語句を，起こった（または制定された）年代の古い順に並べなさい。

ア　元寇《げんこう》(蒙古《もうこ》襲来《しゅうらい》)　　**イ**　御成敗式目《ごせいばいしきもく》(貞永《じょうえい》式目)
ウ　永仁《えいにん》の徳政令《とくせいれい》　　**エ**　承久《じょうきゅう》の乱

（　　→　　→　　→　　）

★ ❶(2) 平清盛は武士として初めて太政大臣《だいじょうだいじん》となり，源頼朝は鎌倉幕府を開いた。
★ ❶(5) **エ**の勝利によって幕府は支配を固め，その後，法律を定めた。

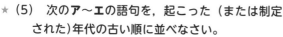

室町時代

月　日

6問中　問正解

1 次の問いに答えましょう。

(1)　鎌倉《かまくら》幕府をたおした後醍醐《ごだいご》天皇が始めた，天皇中心の新しい政治を何といいますか。

(　　　　)

(2)　次の①～③は，室町幕府の将軍となった人物です。それぞれと関係の深い文を，あとの**ア**～**ウ**から選びなさい。

①　足利尊氏《あしかがたかうじ》　②　足利義満《よしみつ》　③　足利義政《よしまさ》

ア　明《みん》との貿易を始める。金閣《きんかく》を建てる。

イ　あとつぎをめぐる問題から応仁《おうにん》の乱が起こる。銀閣《ぎんかく》を建てる。

ウ　後醍醐天皇に協力したが，やがて対立し，京都に幕府を開く。

(①　　)　(②　　)　(③　　)

★ (3)　日明《にちみん》貿易で，正式な貿易船に与《あた》えられた証明書を何といいますか。

(　　　　)

★ (4)　右は，室町時代に広まった建築様式を描《えが》いたものです。この建築様式を何といいますか。

(　　　　)

(ゼンジ)

★ 1(3) 倭寇《わこう》と区別するために与えられた。
★ 1(4) 銀閣と同じ敷地《しきち》にある東求堂同仁斎《とうぐどうどうじんさい》に代表される建築様式。

月　日

／100点

1 次の(1)～(4)で説明している国を，地図中のア～エから選びましょう。（7点×4）

(1)　18世紀にイギリスから独立。シリコンバレーに情報通信技術(ICT)関連企《き》業《ぎょう》が集中。近年，ヒスパニックが増加。

(2)　オセアニア州にあり，大陸と周辺の島々からなる国。先住民はアボリジニ。

(3)　国民の約 8 割がヒンドゥー教徒。ベンガルールなどで情報通信技術(ICT)関連産業が発達。

(4)　アマゾン川流域に熱帯林が広がる。バイオ燃料（バイオエタノール)の生産がさかん。日系人が多く暮らす。

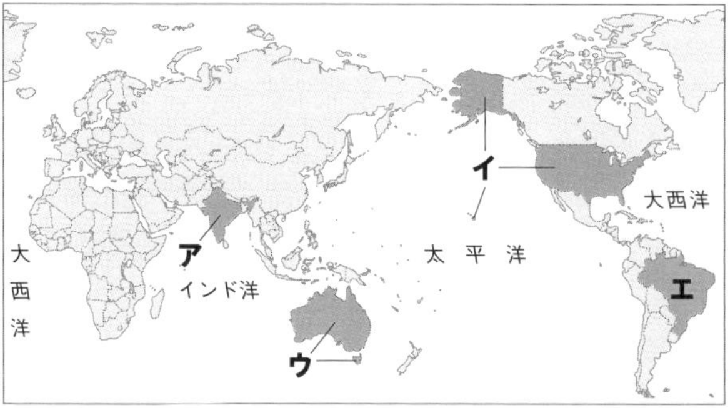

(1)（　　）　(2)（　　）
(3)（　　）　(4)（　　）

→裏に続きます。

2 地図を見て，次の問いに答えましょう。 （8点×3）

(1)　日本アルプスと呼ばれる，地図中のA～Cの山脈をそれぞれ答えなさい。

A（　　　　　山脈）
B（　　　　　山脈）
C（　　　　　山脈）

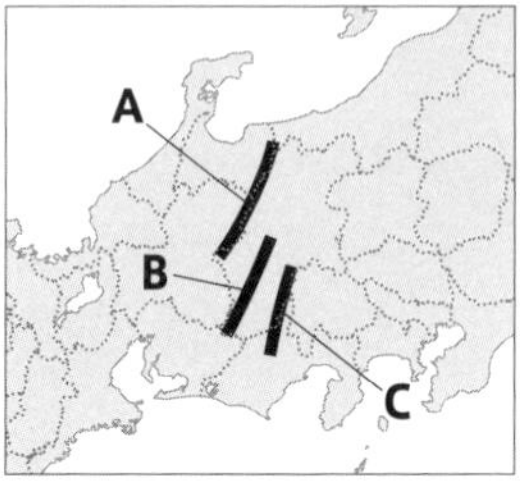

3 年表を見て，次の問いに答えましょう。 （(1)は8点×3，(2)は6点×4）

(1)　①～③にあてはまる時代を答えなさい。

（①　　　　　時代）
（②　　　　　時代）
（③　　　　　時代）

時代	できごと
（①）	大和《やまと》政権(ヤマト王権)が成立する
（②）	大化《たいか》の改新《かいしん》が始まる
奈良《なら》	〔④〕が出される
（③）	摂関《せっかん》政治が行われる
鎌倉《かまくら》	〔⑤〕が制定される
	〔⑥〕の大軍が攻《せ》めてくる
室町《むろまち》	〔⑦〕との貿易が始まる

(2)　④～⑦にあてはまる語句を，次の**ア**～**カ**から選びなさい。

ア　御成敗式目《ごせいばいしきもく》　**イ**　冠位《かんい》十二階　**ウ**　墾田永年私財法《こんでんえいねんしざいのほう》
エ　隋《ずい》　**オ**　明《みん》　**カ**　元《げん》

（④　　　）（⑤　　　）
（⑥　　　）（⑦　　　）

解答

間違《まちが》えた問題は，できるようになるまでくり返し練習しましょう。

01 I am ～. / You are ～.の文

❶ (1) I, am　(2) I'm
(3) You, are　(4) You're
(5) am, not
(6) Are, you / I, am
(7) Are, you / I'm, not

▶解説

❶(1)「私は」は I。「～です」は主語が I のときは am。(3)「あなたは」は You。主語が you のとき，「～です」は are。(5)「～ではない」は am のあとに not。(6)(7)「あなたは～ですか」は Are you ～? で表す。答えるときは，「はい」は Yes, I am. と，「いいえ」は No, I'm not. と言う。

02 This[That] is ～.の文

❶ (1) This, is　(2) That, is
(3) That's　(4) this, is
(5) This, not　(6) isn't
(7) Is, this / it, is
(8) Is, that / it's, not[it, isn't]

▶解説

❶(1)「これは～です」は This is ～. で表す。(2)(3)「あれは～です」は That is ～. で表す。(4) This is ～. は人を紹介《しょうかい》するときにも使われる。(5)「～ではない」は is のあとに not。(7)(8)疑問文は Is で始める。答えの文の主語は it で受ける。

03 He[She] is ～.の文

❶ (1) He　(2) She
(3) She's　(4) is, not
(5) He's　(6) Is, he / he, is
(7) Is, she / she's, not[she, isn't]

▶解説

❶(1) 1 人の男性を受けて「彼《かれ》は」は he。(2) 1 人の女性を受けて「彼女《かのじょ》は」は she。(4)主語が人間以外の動物や物でも，単数のとき be 動詞は is を使う。「～ではない」は is のあとに not。(5)空所の数から短縮形 He's を入れる。(6)(7)疑問文は is を主語の前に出して，Is he[she] ～? の形。

04 I play ～.の文

❶ (1) play　(2) know　(3) have
❷ (1) do, not, like
(2) don't, play
(3) Do, you / I, do
(4) Do, get / I, don't

▶解説

❶(1)「(スポーツ) をする」は play。(2)「～を知っている」は know。(3)「～を持っている」は have。
❷(1)(2)一般《いっぱん》動詞の否定文は動詞の前に do not[don't] を置く。(3)(4)一般動詞の疑問文は Do で始める。答えるときも do を使う。

05 He likes ～.の文

❶ (1) likes (2) studies
(3) watches (4) has
❷ (1) goes (2) doesn't, use
(3) Does, play / doesn't / plays

▶解説

❶主語が3人称単数《にんしょうたんすう》になるので，動詞は語尾《ごび》に s や es がついた形に。(2) study は y を i にかえて es をつける。(3) watch は es をつける。(4) have は特別に has になる。

❷(1)「寝《ね》る」は go to bed。go は es をつける。(2)否定文は動詞の前に doesn't を入れる。あとの動詞は原形。(3)疑問文は Does で文を始め，あとの動詞は原形。答えの文でも does を使う。

06 主語が複数の文

❶ (1) are (2) are
(3) They, help
❷ (1) are, not
(2) Are / they, are
(3) don't, play
(4) Do, study / we, don't

▶解説

❶(1)(2)主語が複数のとき，be 動詞は are。(3)主語が複数のとき，一般《いっぱん》動詞は s や es をつけない形。

❷(1)否定文は are のあとに not。(2)疑問文は Are で始める。主語の these は，答えの文では they になる。(4) Do で文を始める。

07 what

❶ (1) What / It (2) What's / It's
(3) What, are / They're
(4) What, do / have
(5) What, color, does / likes
(6) What, time / It's
(7) What, time, do / get

▶解説

❶(1)「何」は what。(2) What is の短縮形は What's。(3) 主語が複数なので，be 動詞は are を使う。these は答えの文では they で受ける。(4) What のあとに〈do＋主語＋動詞～?〉を続ける。(5)「何色」は what color。(6)「何時」は what time。時刻を表す文の主語は it を使う。

08 where / when / who

❶ (1) Who (2) When (3) Where
❷ (1) Where, does / lives
(2) When, do / After
(3) Who, likes
(4) Where, is / in

▶解説

❶(1)「あの男性はだれですか。－彼《かれ》は私の先生です。」(2)「ボブの誕生日はいつですか。－5月10日です。」(3)「私のかぎはどこですか。－机の上にあります。」

❷(1)「どこ」は where。(2)「いつ」は when。「放課後」は after school。(3)「だれ」は who。主語の who は3人称《にんしょう》単数扱《たんすうあつか》いなので，動詞は s がついた形に。(4)「～の（中）に」は in。

09 which / whose

❶(1) Which (2) Whose (3) Which
❷(1) Whose / brother's
(2) Which, notebook
(3) Whose, house
(4) Which, goes

▶解説

❶(1)「どちらがあなたの机ですか。―この机です。」答えの one は desk をさす。(2)「これはだれのかばんですか。―私のです。」(3)「あなたはどちらのかばんを使いますか。―あの赤いものです。」

❷(1)「だれの」は whose。(2)「どちらの」は which。(4) Which bus は 3 人《にん》称単数扱《しょうたんすうあつか》いなので，動詞は goes に。

10 how

❶(1) old (2) much (3) many
❷(1) How / I'm (2) How / By
(3) How, is / It's (4) old
(5) many, boxes

▶解説

❶(1)「あなたは何歳《なんさい》ですか。―14歳です。」(2)「これはいくらですか。―5ドルです。」(3)「あなたは何冊の本を持っていますか。―約20冊です。」

❷(2)手段・方法をたずねて「どうやって」は how。「～で」は by～。(3)天候をたずねる。(5)数をたずねるときは how many を使う。あとに続く名詞は複数形にする。

11 命令文 / Don't ～. / Let's ～.

❶(1) Wash (2) Be
(3) Don't (4) Let's
❷(1) open (2) Don't, be
(3) Let's, go (4) Help, please

▶解説

❶(1)命令文は動詞の原形で文を始める。(2) be 動詞の原形は be なので，Be ～. の形になる。(3)「～してはいけません」は Don't で文を始める。(4)「～しましょう」は Let's で文を始める。

❷(2) be late for school で「学校に遅《おく》れる」。(4) please が文末にくるときは，その前にコンマ（,）を入れる。文頭にくる場合は Please help me. のようになり，コンマは入らない。

12 代名詞

❶(1) us (2) them (3) mine
❷(1) him (2) my / Her
(3) yours (4) His, ours

▶解説

❶(1)「私とアンを」→「私たちを」(2)「健《けん》と亜美《あみ》」→「彼《かれ》ら」。(3)「私のもの」は mine。my のように，あとに名詞が続かないことに注意。

❷(1) for などの前置詞のあとに代名詞が続くときは「～を，～に」の形（目的格）を使う。(2)「彼女《かのじょ》の」は her。she の目的格も her なので注意。(3)「あなたのもの」は yours。(4)「私たちの」は空所の数から「私たちのもの」と考える。

13 現在進行形

❶(1) playing (2) making
(3) having (4) sitting
(5) swimming
❷(1) am, cooking
(2) are, running
(3) is, writing

▶解説

❶(2)(3)動詞の ing 形は，語尾《ごび》が e のときは e をとって ing をつける。(4)(5)語尾の 1 字を重ねて ing をつける。

❷「～しています」は〈be 動詞＋動詞の ing 形〉の形で表す。(1)主語が I なので，〈am＋～ing〉の形。(2)主語が We なので〈are＋～ing〉の形。(3)主語が 3 人《にん》称単数《しょうたんすう》なので，〈is＋～ing〉の形。writes は原形にして e をとって ing をつける。

14 現在進行形の否定文・疑問文

❶(1) not, reading
(2) isn't, having
(3) Are, watching
❷(1) not, listening
(2) Is, sleeping / is
(3) What, are, doing
(4) Who, is / is

▶解説

❶(1)(2)否定文は be 動詞のあとに not を入れる。(3)ふつうの be 動詞の疑問文と同じで，be 動詞を主語の前に出す。

❷(2)答えの文でも be 動詞を使う。(3)「何を」は what。(4)「だれが」は who。

15 can の文

❶(1) can, swim
(2) can't[cannot], play
(3) Can, speak
❷(1) can, run
(2) can't[cannot], cook
(3) Can, help (4) Can, I

▶解説

❶(1)「～できる」は can。あとに続く動詞は，主語に関係なくいつも原形。(2) can の否定文は〈can't＋動詞の原形〉の形。can't のかわりに cannot も使える。(3)疑問文は can を主語の前に出す。

❷(3)「～してくれますか」と相手に依頼《いらい》するときは，Can you ～? で表す。(4)「(私が) ～してもいいですか」と許可を求めるときは，Can I ～? で表す。

16 一般動詞の過去の文

❶(1) played (2) lived
(3) studied (4) saw
(5) went
❷(1) watched (2) had
(3) got

▶解説

❶(1)規則動詞は動詞の原形に ed をつける。(2) live は d だけつける。(3) studyは y を i にかえて ed。(4)(5)不規則動詞は 1 語ずつ覚える。

❷過去の文は，動詞を過去形にする。(1) watch は ed をつける。(2) have の過去形は had。(3) get の過去形は got。

17 一般動詞の過去の否定文・疑問文

❶(1) did, not, play
(2) didn't, watch (3) Did, make
❷(1) didn't, know
(2) Did, enjoy / did
(3) Did, come / didn't
(4) What, did, do / went

▶解説

❶(1)(2)否定文は動詞の前に did not を入れる。短縮形は didn't。あとに続く動詞は原形。(3)疑問文は Did で文を始める。あとに続く動詞は原形。
❷(2)(3) Did ～? には，did を使って答える。(4) What の疑問文。「する」は do。「行った」は went。

18 be動詞の過去の文・過去進行形

❶(1) was (2) were
(3) was, studying
❷(1) weren't (2) Was / wasn't
(3) wasn't, watching / was, sleeping
(4) Were, cooking / wasn't

▶解説

❶(1)(2)主語に注目して，主語が I か 3 人《にん》称単数《しょうたんすう》なら was に，主語が you か複数なら were にする。(3)過去進行形は〈was[were]＋～ing〉の形。
❷(1)空所の数から短縮形 weren't を入れる。(2)(4)疑問文なので be 動詞で文を始める。

19 まとめテスト

❶(1) Are (2) gets (3) open
(4) mine (5) him (6) Who
(7) go
❷(1) running (2) has
(3) came (4) dishes
❸(1) can, cook (2) Where / I'm
(3) What, time (4) Can, I
❹(1) (例)How much is that T-shirt?
(2) She didn't[did not] do her homework yesterday.
(3) I was playing basketball in the gym then.
(4) When is your birthday?

▶解説

❶(1)「あなたはテレビゲームをしていますか。」(2)「私の母はふつう 6 時に起きます。」(3)「どうかドアを開けないでください。」(4)「これはだれの自転車ですか。－私のものです。」(5)「あなたは彼《かれ》とテニスをしましたか。」(6)「だれがこのケーキを作りましたか。－私の母です。」(7)「サムは私たちとキャンプに行けません。」
❷(1)過去進行形の疑問文。ing 形にする。(2) have の 3 人称単数《にんしょうたんすう》の形。(3) come の過去形。(4) How many のあとの名詞は複数形。dish のあとに es をつける。
❸(1) can のあとの動詞は原形。(2)「どこ」は where。(3)「何時」は what time。(4)許可を求めるときは Can I ～? を使う。
❹(1)値段をたずねるときは How much ～? を使う。(3)過去進行形の文。

20 正負の数

❶ (1) -8　(2) 減少

❷ (1)

(2) 11個

❸ (1) $-23<-19$　(2) $-\frac{3}{4}>-\frac{5}{6}$

(3) $-0.3<-0.1<-0.05$

▶解説

❶(1)「高い」ことを正《せい》の数で表すと，「低い」ことは負《ふ》の数で表すことができる。

❷(1)絶対値《ぜったいち》が 7 になる数は，数直線上で 0 から 7 の距離にある。

(2)

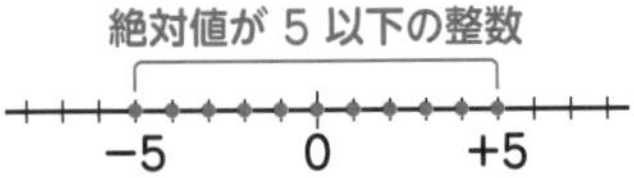

❸負の数は，絶対値が大きいほど小さい。

(2)通分して大小を比べる。

$-\frac{3}{4}=-\frac{9}{12}$，$-\frac{5}{6}=-\frac{10}{12}$

$\frac{9}{12}<\frac{10}{12}$だから，$-\frac{9}{12}>-\frac{10}{12}$

21 正負の数の加減

❶ (1) -7　(2) $+4$

(3) -6　(4) -2.3

❷ (1) $+11$　(2) -25

(3) -9　(4) $+6$

❸ (1) $+2$　(2) -17　(3) -1

答えが正の数のときは，符号+をはぶいてもよい。

▶解説

❸(2) $(-5)-(+8)+(-4)$

$=(-5)+(-8)+(-4)$

$=-5-8-4=-17$

(3) $13-(-7)-16-(+5)$

$=13+(+7)-16+(-5)$

$=13+7-16-5=20-21=-1$

22 正負の数の乗除

❶ (1) 40　(2) -18

(3) -56　(4) 36

❷ (1) 9　(2) -15

(3) -32　(4) $\frac{5}{6}$

❸ (1) 5　(2) $-\frac{3}{8}$

▶解説

❶(3)積《せき》の符号《ふごう》は，式の中の負の数の個数が，偶数《ぐうすう》個ならば+，奇数《きすう》個ならば−

(4) $(-■)^2=(-■)\times(-■)$

$-■^2=-(■\times■)$

❷(4) $\left(-\frac{4}{9}\right)\div\left(-\frac{8}{15}\right)=\left(-\frac{4}{9}\right)\times\left(-\frac{15}{8}\right)$

$=+\left(\frac{\overset{1}{\cancel{4}}}{\underset{3}{\cancel{9}}}\times\frac{\overset{5}{\cancel{15}}}{\underset{2}{\cancel{8}}}\right)=\frac{5}{6}$

❸(2) $\left(-\frac{3}{10}\right)\div\left(-\frac{6}{7}\right)\div\left(-\frac{14}{15}\right)$

$=\left(-\frac{3}{10}\right)\times\left(-\frac{7}{6}\right)\times\left(-\frac{15}{14}\right)$

$=-\left(\frac{\overset{1}{\cancel{3}}}{\underset{2}{\cancel{10}}}\times\frac{\overset{1}{\cancel{7}}}{\underset{2}{\cancel{6}}}\times\frac{\overset{3}{\cancel{15}}}{\underset{2}{\cancel{14}}}\right)=-\frac{3}{8}$

23 四則の混じった計算／素因数分解

❶ (1) 6　(2) 2

(3) -10　(4) -18

(5) -7　(6) -1900

❷ (1) $126=2\times3^2\times7$

(2) $600=2^3\times3\times5^2$

▶解説

❶(3) $2\times(-6)-(-8)\div4=-12-(-2)$
$=-12+2=-10$

(4) $-3^2-(-3)^2=-9-9=-18$

(5) $9-(5-7)\times(-2)^3=9-(-2)\times(-8)$
$=9-(+16)=9-16=-7$

(6) $63\times(-19)+37\times(-19)$
$=(63+37)\times(-19)=100\times(-19)$
$=-1900$

❷同じ数の積《せき》は，累乗《るいじょう》の指数《しすう》を使って表す。

(2)
```
2)600
2)300
2)150
3) 75
5) 25
    5
```

24 文字式の表し方／式の値

❶ (1) $4ab$　(2) $-xy$
(3) a^2b^3　(4) $\frac{x}{8}$
(5) $-\frac{9b}{2}$　(6) $\frac{x-y}{5}$

❷ (1) $2000-60x$ (m)
(2) $\frac{3}{4}a$ (円)

❸ (1) -5　(2) -16

▶解説

❶(2) 1，−1と文字との積《せき》では，1をはぶいて表す。
(6) $(x-y)$をひとまとまりとみて，(　)をはぶいて分子とする。

❷(1)残りの道のりは，
(全体の道のり)−(速さ)×(歩いた時間)
(2) a 円の x %引きの代金は，
$a\times\left(1-\frac{x}{100}\right)$ (円)

❸(2) $-x^2=-(x\times x)=-\{(-4)\times(-4)\}$
$=-16$

25 1次式の計算

❶ (1) $7x-3$　(2) $13x-9$
(3) $-a+13$

❷ (1) $-3x+5$　(2) $-7y-9$
(3) $x-2$

❸ (1) $28a$　(2) $-8x$
(3) $9x$　(4) $-32y$

▶解説

❶(2) $(7x-2)+(6x-7)=7x-2+6x-7$
$=7x+6x-2-7=13x-9$

❷(2) $(2y-5)-(9y+4)=2y-5-9y-4$
$=2y-9y-5-4=-7y-9$

(3) $(3-6x)-(-7x+5)=3-6x+7x-5$
$=-6x+7x+3-5=x-2$

❸(4) $20y\div\left(-\frac{5}{8}\right)=20y\times\left(-\frac{8}{5}\right)$
$=20\times\left(-\frac{8}{5}\right)\times y=-32y$

26 四則の混じった計算／関係を表す式

❶ (1) $-6x-27$　(2) $6x-24$
(3) $5a+9$　(4) $-15y+20$

❷ (1) $13x+1$　(2) $14a-3$
(3) $5x-15$　(4) $-2y-6$

❸ (1) $a-5x=2$
(2) $5x+25y\geqq75$

▶解説

❶(2) $\frac{x-4}{5}\times30=\frac{(x-4)\times\overset{6}{\cancel{30}}}{\underset{1}{\cancel{5}}}$
$=(x-4)\times6=6x-24$

❷(3) $7(2x+3)-9(x+4)$
$=14x+21-9x-36=5x-15$

27 方程式とその解き方

❶ 2

❷ (1) $x=5$　(2) $x=6$

(3) $x=-2$　(4) $x=-7$

❸ (1) $x=-4$　(2) $x=-1$

(3) $x=3$　(4) $x=-5$

▶解説

❸(2) $2x-9=8x-3$, $2x-8x=-3+9$,
$-6x=6$, $x=-1$

(4) $2x-21=14+9x$, $2x-9x=14+21$,
$-7x=35$, $x=-5$

28 いろいろな方程式

❶ (1) $x=7$　(2) $x=-4$

(3) $x=-10$

❷ (1) $x=9$　(2) $x=14$

▶解説

❶(2) $1.3x+2.1=0.6x-0.7$,
$(1.3x+2.1)\times10=(0.6x-0.7)\times10$,
$13x+21=6x-7$, $7x=-28$, $x=-4$

(3) $\frac{2}{5}x+2=\frac{1}{4}x+\frac{1}{2}$,
$\left(\frac{2}{5}x+2\right)\times20=\left(\frac{1}{4}x+\frac{1}{2}\right)\times20$,
$8x+40=5x+10$, $3x=-30$, $x=-10$

29 1次方程式の利用

❶ (1) $6x-9=5x+15$

(2) 24人　(3) 135枚

❷ (1) ㋐ $10+x$　㋑ $70(10+x)$

㋒ $210x$

(2) 5 分後

▶解説

❷(2) $70(10+x)=210x$,
$700+70x=210x$,
$-140x=-700$, $x=5$
解は問題に適している。

30 関数／比例／反比例

❶ (1) いえる　(2) いえない

❷ (1) ×　(2) ○

(3) ×　(4) △

❸ (1) $y=4x$　(2) $y=6$

▶解説

❷それぞれについて y を x の式で表すと,
(1) $y=8-x$, (2) $y=\frac{1}{4}x$,
(3) $y=\pi x^2$ （π：円周率), (4) $y=\frac{40}{x}$

❸(2) $y=\frac{a}{x}$ に $x=2$, $y=-9$ を代入して,
$-9=\frac{a}{2}$, $a=-18$　式は, $y=-\frac{18}{x}$
この式に $x=-3$ を代入して,
$y=-\frac{18}{-3}=6$

31 座標／比例のグラフ

❶ (1)(2)

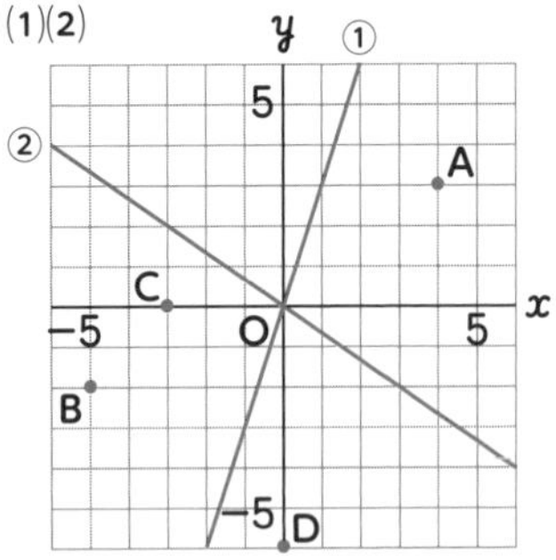

❷ ① $y=5x$　② $y=-\frac{3}{4}x$

▶解説

❶(2)② $x=3$ のとき $y=-2$ だから，グラフは原点と点(3，−2)を通る直線をひく。

❷①グラフは，点(1，5)を通るから，
$y=ax$ に $x=1$，$y=5$ を代入すると，
$5=a\times1$，$a=5$
②グラフは，点(4，−3)を通るから，
$y=ax$ に $x=4$，$y=-3$ を代入すると，
$-3=a\times4$，$a=-\frac{3}{4}$

32 反比例のグラフ

❶

x	…	−6	−3	−2	−1	0	1	2	3	6	…
y	…	−1	−2	−3	−6	╳	6	3	2	1	…

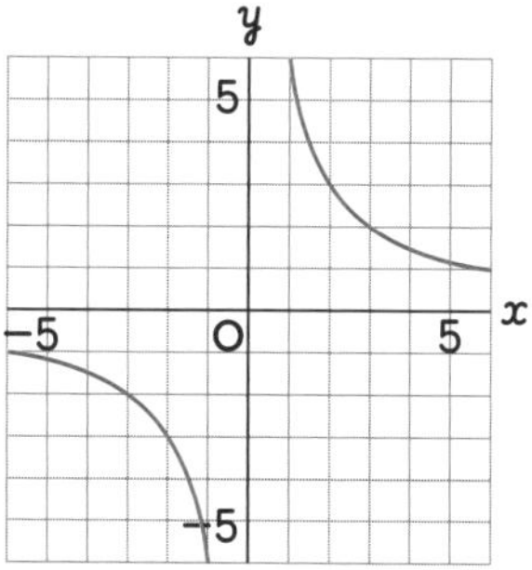

❷ ① $y=\frac{12}{x}$　② $y=-\frac{10}{x}$

▶解説

❷①グラフは，点(2，6)を通るから，
$y=\frac{a}{x}$ に $x=2$，$y=6$ を代入すると，
$6=\frac{a}{2}$，$a=12$
グラフは，点(3，4)，(4，3)，(6，2)なども通るから，これらの点の座標を代入してもよい。

33 直線と角／図形の移動

❶ (1) 距離
(2) ∠ABC（または∠B，∠CBA）
(3) AD//BC　(4) BC⊥DC

❷

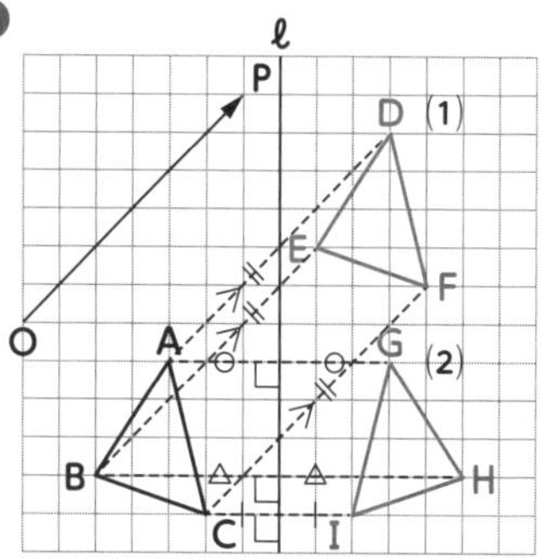

▶解説

❷(1)図形を，一定の方向に，一定の距離《きょり》だけ動かす移動《いどう》を平行《へいこう》移動という。
(2)図形を，1つの直線を折り目として，折り返す移動を対称《たいしょう》移動という。

34 基本の作図／円とおうぎ形

❶

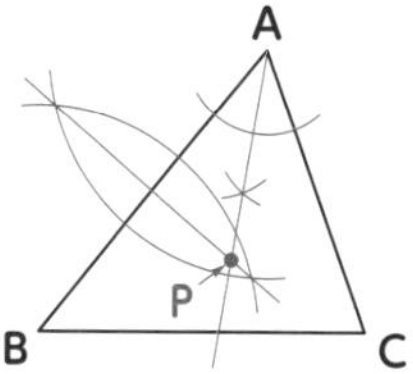

❷

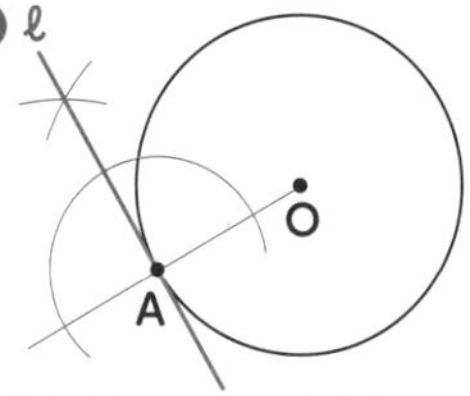

❸ (1) 3πcm　(2) $6\pi\text{cm}^2$

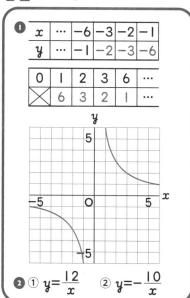

▶解説

❸(1) $2\pi\times4\times\frac{135}{360}=3\pi$ (cm)

(2) $\pi\times4^2\times\frac{135}{360}=6\pi$ (cm^2)

35 いろいろな立体

❶(1) 直線 GH，ED，KJ

(2) 直線 CI，DJ，EK，FL，HI，IJ，KL，LG

(3) 6つ　(4) 6つ　(5) 4組

❷(1) 四角錐　(2) 円柱

▶解説

❶(2)空間内で，平行でなく，交わらない2つの直線をねじれの位置にあるという。

(3)直線 AG，BH，CI，DJ，EK，FL

(4)直線 AG，DJ，EK，FL，EF，KL

(5)平面 AGHB と EKJD，平面 BHIC と FLKE，平面 CIJD と AGLF，平面 ABCDEF と GHIJKL

36 立体の表面積と体積

❶ 64 cm^2

❷(1) 60 cm^3　(2) $75\pi\text{cm}^3$

❸(1) $48\pi\text{cm}^2$　(2) $45\pi\text{cm}^3$

▶解説

❶側面積は，$\frac{1}{2}\times4\times6\times4=48$ (cm^2)

底面積は，$4\times4=16$ (cm^2)

表面積は，$48+16=64$ (cm^2)

❷(1) $\frac{1}{2}\times4\times5\times6=60$ (cm^3)

(2) $\frac{1}{3}\times\pi\times5^2\times9=75\pi$ (cm^3)

❸(1)側面積は，$5\times(2\pi\times3)=30\pi$ (cm^2)

底面積は，$\pi\times3^2=9\pi$ (cm^2)

表面積は，$30\pi+9\pi\times2=48\pi$ (cm^2)

37 データの活用

❶ ㋐ 31　㋑ 48　㋒ 0.18

㋓ 0.26　㋔ 0.62　㋕ 0.88

❷(1) 0.63　(2) 表

▶解説

❶㋐6+9+16=31(人)

㋒㋓相対度数＝$\frac{\text{その階級の度数}}{\text{度数の合計}}$

㋔0.12+0.18+0.32=0.62

38 まとめテスト

❶(1) -3　(2) $-\frac{3}{10}$

(3) 18　(4) -8

❷(1) $40a$　(2) $12x-8$

(3) $-3x+2$　(4) $8a-5$

❸(1) $x=-3$　(2) $x=4$

(3) $x=2$　(4) $x=15$

❹ 18分後

❺① $y=\frac{3}{2}x$　② $y=-\frac{8}{x}$

❻(例)

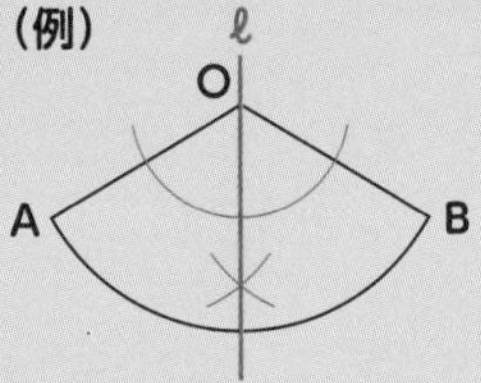

❼ $16\pi\text{cm}^3$

❽(1) 34人　(2) 0.30

▶解説

❹ x 時間後に出会うとすると，

$12x+8x=6$，$20x=6$，$x=\frac{3}{10}$

単位を分に直すと，$60\times\frac{3}{10}=18$(分後)

❻線分AB の垂直二等分線の作図でもよい。

39 漢字の読み①

(1) ふ　(2) きたな
(3) はず　(4) お
(5) たの
(6) ぶんせき
(7) そうおん
(8) がんゆう
(9) はいりょ
(10) しょうこ

40 漢字の読み②

(1) いど　(2) こば
(3) とどこお
(4) かえり
(5) うば
(6) いっせい
(7) むじゅん
(8) ひょうし
(9) えんかつ
(10) てんぷ

41 漢字の書き①

(1) 異　(2) 操
(3) 刻　(4) 届
(5) 垂　(6) 著作
(7) 困難　(8) 拡大
(9) 明朗　(10) 尊敬

42 漢字の書き②

(1) 危　(2) 暖
(3) 除　(4) 奮
(5) 閉　(6) 規模
(7) 縦横　(8) 家賃
(9) 激流　(10) 対策

43 漢字の成り立ち

❶
(1) エ　(2) イ
(3) ア　(4) ウ

❷
(1) ア　(2) エ
(3) イ　(4) ウ
(5) エ　(6) ウ
(7) ア　(8) イ

▼解説
❷ (2)「豆」が「トウ」という音を表す。
(5)「羊」が音を、「氵」が意味を表す。
(6) 明るい「日」と「月」を組み合わせて、「あかるいこと」を表す。

44 部首・画数

❶
(1) 疒　(2) 隹
(3) 忄　(4) 攵

❷
(1) ごんべん
(2) りっとう
(3) くにがまえ
(4) しんにょう（しんにゅう）

❸
(1) ウ　(2) ア
(3) エ　(4) イ

❹
(1) 12　(2) 14
(3) 8　(4) 14

▼解説
❷ 部首は、(1)は「言」、(2)は「刂」、(3)は「口」、(4)は「辶」。
❸ (1)は「くさかんむり」、(2)は「けものへん」、(3)は「れんが（れっか）」、(4)は「にくづき」。
❹ (1)「阝」と(3)「廴」は3画、(4)「糸」は6画で書く。

45 言葉の単位

❶
(1) 桜は|バラ科の|花だ。
(2) 明日は|今日より|寒いらしい。
(3) もし|雨なら|遠足は|中止です。
(4) 冷たい|水を|一杯《ぱい》|ください。
(5) 詩を|読むのが|とても|好きだ。

❷
(1) 私|の|姉|は|高校生|です。
(2) 静かな|雨音|に|耳|を|澄《す》ます。
(3) 朝日|が|山|の|頂|から|昇《のぼ》る。
(4) おいしい|カレー|が|食べ|たい。
(5) 彼《かれ》|も|出席する|こと|に|なっ|た。

▼解説

❷ 単語は、それ以上は細かくできない言葉の最小単位。

(4)「食べ」(「食べる」)＋「たい」(希望を表す単語)。

(5)「なっ」(「なる」)＋「た」(過去を表す単語)。

46 文の組み立て①

❶

(1) 僕《ぼく》が・走る

(2) 私は・行った

(3) 彼《かれ》こそ・主役だ

(4) 柿《かき》が・実る

(5) 弟は・しかられる

❷

(1) 行く

(2) できない

(3) 見た

(4) 迎えた

(5) ビルが

▼解説

❶ 文の主語を見つけるには、まず「どうする・どうなる・どのようだ・何だ・ある・いる」などの、その文の述語を見つけるとよい。述語は文末にあることが多い。

(3) 誰《だれ》が「主役」なのかを考える。

(4) 何が「実る」のかを考える。

(5) 誰が「しかられる」のかを考える。

❷ 修飾語《しゅうしょく》は、「いつ・どこで・どこ・どこへ・どのように・誰を」→どうするや、「誰の・何の・どんな」→何、などのように、後の文節を詳《くわ》しくする文節。

47 文の組み立て②

❶

(1) おはよう

(2) だが

(3) 眠《ねむ》いので

(4) 五月三日

(5) すると

❷

(1) イ

(2) ア

(3) イ

(4) ア

(5) イ

▼解説

❶ 独立語は、(1)のような挨拶《あいさつ》や、(4)のように、文頭に掲《かか》げて話題を示す語が多い。

❷ 連文節は二つ以上の文節がまとまって、一つの文節と同じような働きをする。並立《へいりつ》の関係の連文節は、(2)「重い大きな」のように語を入れ換《か》えても意味が変わらない。補助の関係の連文節には「〜てある・〜てくる・〜ていく」などの形もある。

48 単語の分類①

(1) 自立

(2) 付属

(3) する

(4) しない

(5) 用

(6) 体

▼解説

(5) 活用し、単独で述語になる三つの品詞(動詞・形容詞・形容動詞)を「用言《ようげん》」という。

(6) 活用せず、主語になる名詞のことを、「体言《たいげん》」という。

49 単語の分類②

❶

(1) A

(2) A

(3) B

(4) A

(5) B

❷

(1) ウ・エ

(2) エ・オ・カ

(3) エ

(4) ウ・カ

(5) イ・オ

((1)・(2)、(4)・(5)は各順不同)

▼解説

❶ 自立語は、P.54の品詞分類表の、右側の八つの品詞に当たる。

(1)「こと」は名詞。

(2)「楽しく」は「楽しい」の活用した形で、形容詞。

(3)「そうだ」は、「き(言い切りの形は

「くる」）」に付いて一文節を作っている付属語（助動詞）。
(4)「めったに」は活用しない副詞。
(5)「ので」は「寒い」に付いて一文節を作っている付属語（助詞）。

❷活用する単語は、自立語では用言（動詞・形容詞・形容動詞）の三つ、付属語では助動詞。
(1)ア「ハンバーグ」は名詞、イ「も」は助詞。ウ「食べ（「食べる」）」は動詞、エ「たい」は「～たく（ない）」などと活用する付属語（助動詞）。
(2)ア「でも」は接続詞、イ「私」は名詞、ウ「は」は助詞、エ「強く（「強い」）」は形容詞、オ「反対し（「反対する」）」は動詞、カ「ます」は「～ましょ（う）」などと活用する付属語（助動詞）。
(3)ア「はい」は感動詞、イ「その」は連体詞、ウ「とおり」は名詞、エ「です」は「～でしょ(う)」などと活用する付属語（助動詞）。
(4)ア「先生」とエ「お話」は名詞。イ「から」とオ「を」は助詞、ウ「貴重な（「貴重だ」）」は形容動詞。カ「伺《うかが》う」は動詞。
(5)ア「そろそろ」は副詞、イ「新しい」とオ「欲しい」は形容詞、ウ「靴《くつ》」は名詞、エ「が」は助詞。

50 単語の分類③

(1) 体言…庭・落ち葉
用言…きれいに・掃く
(2) 体言…日本・選手・記録
用言…すばらしい・打ち立てる
(3) 体言…夏・空・雲
用言…白い・浮かぶ
(4) 体言…とき・準備体操
用言…泳ぐ・行う
(5) 体言…図書館
用言…静かに・し
（体言と用言は各順不同）

▼解説
(1)「きれいに」は言い切りの形が「きれいだ」となる形容動詞。「掃《は》く」は活用し、言い切りがウ段になる動詞。
(2)「すばらしい」は形容詞、「打ち立てる」は一語の動詞。
(3)「白い」は形容詞、「浮《う》かぶ」は動詞。
(4)「泳ぐ」と「行う」は動詞。「しっかりと」は副詞。名詞の「とき」を見落とさないように。
(5)「静かに」は言い切りの形が「静かだ」となる形容動詞。「しよう」は「し（「する」）＋よう（助動詞）」でできた文節で、動詞が隠《かく》れているので、注意。

51 指示語

❶
(1) どこ・その
(2) これ・あれ・どちら
(3) どんな
(4) そんな
(5) あの
（(1)・(2)は各順不同）
❷
(1) 会場
(2) 正直な
(3) コンビニ
(4) 昼寝

▼解説
❶指示語は「こそあど言葉」ともよばれる。(1)「どこ」、(2)「どちら」、(3)「どんな」も指示語であることに注意。
❷(1)・(3)前に出てきた場所を指している。
(2)前に出てきた、

どんな人であるかを指している。
(4)前に出てきた、今日したことである「昼《ひる》寝《ね》」を指している。

52 接続語

❶
(1) エ
(2) ウ
(3) ア
(4) イ

❷
(1) ただし
(2) つまり
(3) だから
(4) なぜならば

▼解説
❶ (1)「ところが」は、予想されていたことに反する内容が後に続く場合に使う、逆接の接続語。
(2)「または」は、比べたりどちらかを選んだりする場合に使う、対比・選《せん》択《たく》の接続語。
(3)「さて」は、前の内容から話題を変える場合に使う、転換《てんかん》の接続語。
(4)「しかも」は、前の内容と並べたり付け加えたりする場合に使う、並列・累加《るいか》の接続語。
❷ (1) 前の内容について、説明・補足を続けている。
(2) 前の内容を別の表現で言い換《か》えて、わかりやすくしている。
(3) 前の内容が後の結果の理由になっている。
(4) 前の内容の理由を、後で述べている。

53 歴史的仮名遣い

❶
(1) いきおい
(2) よろず
(3) まいる
(4) おしむ
(5) はじ
(6) どうり

❷
(1) おんな、こたえていわく
(2) あまたいておわしまさず
(3) おおせのことはいともとうとし
(4) めのおうなにあずけてやしなわす

▼解説
❶ (1) 語頭以外のハ行の音は「わ・い・う・え・お」と読むので、「ほひ」が「おい」となる。
(6)「だう (dau)」→「どう (dō)」と読む。
❷ (2)「ゐ・ゑ・を」は「い・え・お」と読む。「ゐておはしまさず」→「いておわしまさず」。
(3)「おほせ」→「おおせ」。「たふとし」→「たうとし」→「とうとし」。

54 助詞の省略

(1) が
(2) を
(3) が
(4) を
(5) が

▼解説
(2)「御文《おんふみ》」と「不死の薬の壺《つぼ》」を並べて、それに「火をつけて」という文脈。
(4) 今日、天竺《てんじく》へ「石の鉢《はち》」を「とりにまかる」(取りにまいります)という文脈。

55 古文の読解①

(1) ① 例 いろいろなこと
④ 例 非常に
(2) 竹取の翁
(3) 筒の中

▼解説
(1) ①「よろづ」は漢字では「万」と書く。
(2) ここまでの登場人物は「竹取《たけとり》の翁《おきな》」(さぬきのみやつこ)だけ。主語が同じなので、省略されている。
(3) 直前に「筒《つつ》の中光りたり」とある。翁はその中を見たということ。

〈現代語訳〉今ではもう昔のことだが、竹取の翁とよばれる人がいた。野山に分け入って竹を取っては、いろいろなことに使っていた。名を、さぬきのみやつこといった。

（ある日翁が竹を取っていると、）その竹の中に、根元の光る竹が一本あった。不思議に思って、近寄って見ると、竹の筒の中が光っている。それを見ると、三寸ほどの人が、非常にかわいらしい様子で座っていた。

56 古文の読解②

(1) よそおい
(2) くらもちの皇子（語り手・話し手）
(3) 山

▼解説

(2) 語り手（話し手）である「くらもちの皇子《み　こ》」が自分の行動を話している。
(3) 皇子はこれが蓬莱《ほうらい》の山だろうとは思っていたが、女の言葉でそれが確かめられたので、うれしかったのである。

〈現代語訳〉これこそ自分が探していた山だろうと思って、（そうはいっても）やはり恐《おそ》ろしく思われて、山の周囲をこぎ回らせて、二、三日ほど、様子を見ていると、天人の服装をした女性が、山の中から出てきて、銀のお椀《わん》を持って、水をくんでいく。この様子を見て、船から下りて、「この山の名前は何というのですか。」と問う。女は答えて、「これは、蓬莱の山です。」と言う。これを聞いて、このうえもなくうれしい。

57 まとめテスト

❶ (1) たくわ (2) まいぞう (3) 大衆 (4) 批評 (5) 裁
❷ 文節…4 単語…7
❸ (1) 夜空に星がきらきらと輝く。
(2) すぐに君だって上手にできる。
❹ (1) 机・上・厚い・本・ある
(2) 大きな・声・はっきり・話す
❺ (1) 店・りんご・三個
(2) 寂しい・静かに・深まる
❻ (1) イ (2) ア
❼ (1) よう (2) うつくしゅうて

▼解説

❷ 「窓｜を｜／開け｜て｜／空気｜を｜／入れ換《か》える。」（／は文節、｜は単語の区切り。）
❸ (1) 修飾語《しゅうしょくご》は、どこに、どのように「輝《かがや》く」かを説明している。
(2) 修飾語は、いつ、どのように「できる」かを説明している。
❹ (1) 「机」「上」「本」は名詞、「厚い」は形容詞、「ある」は動詞。「の」「に」「が」は付属語の助詞。
(2) 「大きな」は連体詞、「声」は名詞、「はっきり」は副詞、「話す」は動詞。「で」は助詞。
❺ (1) 「三個」という数を表す単語は体言（名詞）。
(2) 「寂《さび》しい」は形容詞、「静かに」（「静かだ」）は形容動詞、「深まる」は動詞。「が」は助詞。
❼ (1) 「やう(yau)」→「よう(yô)」と読む。
(2) 「しうて(-siute)」→「しゅうて(-syûte)」と読む。

58 生物の観察と分類

❶(1) ア，エ

(2) ① 細い　② ない

❷(1) ア→ウ→イ　(2) 400倍

▶解説

❷(1) プレパラートと対物《たいぶつ》レンズがぶつからないようにプレパラートと対物レンズを遠ざけながらピントを合わせる。

(2) $10 \times 40 = 400$　より，400倍。

59 花のつくりとはたらき

❶(1) a…やく　b…柱頭

c…胚珠　d…子房

(2) ① d　② c

❷(1) a

(2) X…花粉のう　Y…胚珠

(3) 裸子植物

▶解説

❷(1) a は雌花《めばな》，b は雄花《おばな》，c は 1 年前の雌花である。

60 植物の分類

❶(1) X…イ　Y…ウ　(2) ア

(3) ① 2 枚　② 1 枚

③ 網目状　④ 平行

⑤ 主根と側根　⑥ ひげ根

(4) 胞子

▶解説

❶(2) イネ，サクラは被子植物《ひししょくぶつ》，イヌワラビはシダ植物である。

61 動物の分類①

❶(1) A…両生類　B…は虫類

(2) a…イ　b…ウ　c…エ　(3) エ

❷① 前　② 立体的

▶解説

❶(3) ア～ウは，は虫類である。

❷草食動物《そうしょくどうぶつ》の目は横向きにつき，広い範《はん》
囲《い》を見わたせるため，敵を見つけやすい。

62 動物の分類②

❶(1) 無脊椎動物

(2) ① 外骨格　② 節足　③ 甲殻類

(3) 外とう膜　(4) 軟体動物

▶解説

❶(2) 節足動物《せっそくどうぶつ》には，甲殻類《こうかくるい》以外にバッタなどの昆虫類《こんちゅうるい》やクモのなかま，ムカデのなかまもふくまれる。

63 身のまわりの物質とその性質

❶(1) ウ→ア→イ　(2) B　(3) A

❷(1) エ　(2) 2.7g/cm^3

▶解説

❶(2) 砂糖（A）とデンプン（C）は炭素をふくむ有機物《ゆうきぶつ》，食塩（B）は炭素をふくまない無機物《むきぶつ》である。

❷(1) 磁石に引きつけられるのは，鉄など一部の金属のみで，すべての金属に共通の性質ではない。

(2) 金属球を入れたあとの目盛りは 42.0 cm^3なので，金属球の体積は，

$42.0\ cm^3 - 30.0\ cm^3 = 12.0\ cm^3$

よって，密度《みつど》は，

$$\frac{32.4\ g}{12.0\ cm^3}=2.7\ g/cm^3$$

64 気体の発生と性質①

❶(1) X…イ　Y…ウ
(2) A…水上置換法
B…下方置換法
C…上方置換法
❷(1) 白くにごる。 (2) 二酸化炭素

▶解説

❶(1) 水にとけにくい気体は水上置換法《すいじょうちかんほう》で集める。水にとけやすく，空気より密度が大きい気体は下方置換法《かほうちかんほう》，密度が小さい気体は上方置換法《じょうほうちかんほう》で集める。

❷(1) 二酸化炭素を石灰水《せっかいすい》に通すと，石灰水が白くにごる。

65 気体の発生と性質②

❶(1) D
(2) A…エ　B…ア　C…イ　D…ウ
(3) ① エ　② ア　③ イ

▶解説

❶(3) ②水素に火を近づけると，音を出して水素自体が燃え，水ができる。

66 水溶液の性質

❶(1) 物質…溶質　液体…溶媒
(2) ウ　(3) 10%
❷(1) 塩化ナトリウム　(2) 再結晶

▶解説

❶(3) $\frac{10g}{90g+10g}\times100=10$　より10%

❷(1) 塩化ナトリウムは，温度による溶解《ようかい》度《ど》の変化が小さいので，飽和水溶液《ほうわすいようえき》の温度を下げても，結晶《けっしょう》は少ししか出てこない。

67 物質の状態変化

❶(1) A…沸点　B…融点
(2) ① D　② G
❷(1) 沸騰石　(2) エタノール
(3) ① 蒸留　② 沸点

▶解説

❶(1) Aは液体が気体に状態変化《じょうたいへんか》するときの温度，Bは固体が液体に状態変化するときの温度である。

❷(2) エタノールのほうが水よりも沸点《ふってん》が低いので，最初の試験管にはエタノールを多くふくむ液体が集められる。

68 光の反射・屈折

❶(1) C　(2) ① b　② c　③ f
(3) ① 大きく　② 全反射
❷

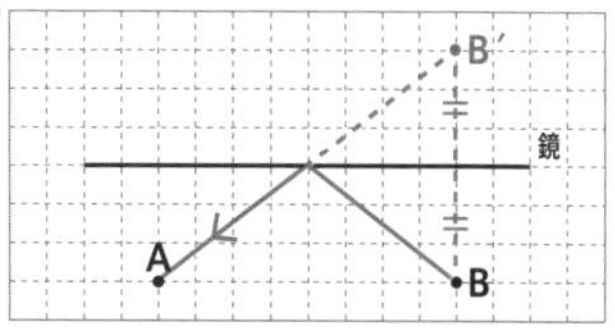

▶解説

❶(1) Aは入射光《にゅうしゃこう》，Bは反射光《はんしゃこう》，Cは屈折《くっせつ》光《こう》である。

❷点Bの像《ぞう》である点B′は鏡に対して線対称の位置にできる。点Aと点B′を結んだ直線と鏡との交点で点Bからの光が反射する。

69 凸レンズのはたらき

❶(1) 直進する。　(2) 下の図

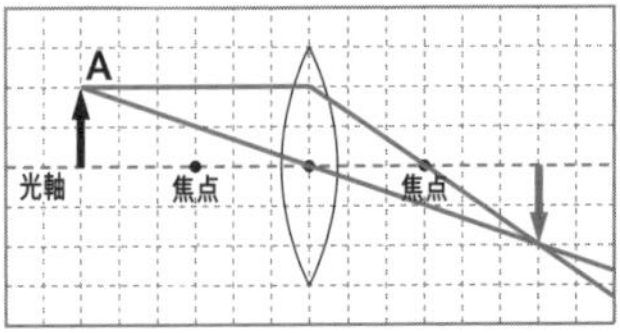

❷(1) 実像　(2) 15cm　(3) 虚像

▶解説

❶(2) 凸《とつ》レンズの中心を通る光はそのまま直進し，光軸《こうじく》に平行な光は反対側の焦《しょう》点《てん》を通る。

❷(2) 同じ大きさの像ができるのは，焦点《しょうてん》距離《きょり》の2倍の位置に物体《ぶったい》を置いたときなので，この凸レンズの焦点距離は，

30 cm÷2＝15 cm

70 音の性質

❶(1) ① 音源（“発音体”でも可）

② 空気　(2) 680m

❷(1) ① 振幅　②振動数

③ ヘルツ

(2) ① ウ　② イ

▶解説

❶(2) 340 m/s×2 s＝680 m

71 力のはたらき

❶(1) 下の図　(2) ニュートン

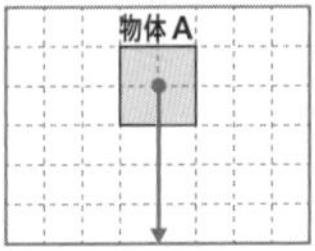

❷(1) フック　(2) 8 cm　(3) 10 N

▶解説

❶(1) 重力《じゅうりょく》の作用点《さようてん》は物体《ぶったい》の中心。

❷(2) ばねに加わる力の大きさは，

$1\ \text{N}\times\frac{800\ \text{g}}{100\ \text{g}}=8\ \text{N}$　より，

ばねののびは，

$1\ \text{cm}\times\frac{8\ \text{N}}{1\ \text{N}}=8\ \text{cm}$

(3) $1\ \text{N}\times\frac{10\ \text{cm}}{1\ \text{cm}}=10\ \text{N}$

72 力のつり合い

❶(1) ① （同）一直線　② 等しく

③ 逆（“反対”でも可）

(2) イ

❷(1) X…垂直抗力　Y…摩擦力

(2) ウ

▶解説

❶(2) ア，ウは矢印が一直線上になく，アは向きも逆向きではない。エは矢印の長さがちがう。

❷(2) 物体に2つの力がはたらいていても，2つの力がつり合っていると，物《ぶっ》体《たい》は動かない。

73 火山活動と火成岩

❶(1) ① C　② A　③ C　(2) C

❷(1) A…等粒状組織

B…斑状組織

(2) A…深成岩　B…火山岩　(3) A

▶解説

❶(1) マグマのねばりけが強いほど激しい噴火《ふんか》をして，Cのような盛り上がった形の火山になる。また，ねばりけが弱い火山の溶岩《ようがん》や火山灰《かざんばい》は黒っぽい。

❷(3) Bの結晶（斑晶《はんしょう》）は地下深くでできたが，そのまわりの石基《せっき》は地表や地表近くで急に冷え固まってできた。

74 地震の伝わり方

❶(1) A…震源　B…震央　(2) c

(3) 震度

❷(1) 15秒

(2) ① S波　② 30　③ 3.2

▶解説

❶(2) aは震央距離《しんおうきょり》，bは震源《しんげん》の深さ。

❷(1) A地点には9時10分0秒にP《ピー》波《は》，9時10分15秒にS《エス》波《は》が到着したので，初期微動継続時間は，

$15\ s-0\ s=15\ s$

(2) ② B地点には9時10分45秒にS波が到着したので，到着した時刻の差は，

$45\ s-15\ s=30\ s$

よって，S波の速さは，

$$\frac{192\ km-96\ km}{30\ s}=3.2\ km/s$$

75 地層と過去のようす

❶(1) 風化

(2) A…れき　B…砂　C…泥

❷(1) 示準化石　(2) 下降した。

(3) 断層

▶解説

❶(2) 小さい粒ほど沈《しず》みにくいため，河口から遠くまで運ばれる。

❷(2) 上の新しい地層ほど，堆積《たいせき》する粒が大きくなっている。よって，この付近では海水面が下降し，しだいに河口に近くなったと考えられる。

76 まとめテスト

❶(1) イ　(2) ① 大きく　② 大きく

❷ A…酸素　B…水素

C…二酸化炭素　D…アンモニア

❸(1) ア，イ　(2) 胞子

(3) ア，イ，ウ　(4) ア

❹(1) Y　(2) 初期微動継続時間

(3) 3.5km/s

(4) ① 震度　② マグニチュード

(5) 活断層

▶解説

❶(1) スクリーン側から見ると図と上下左右が逆の像《ぞう》（エ）が見える。よって，凸《とつ》レンズ側から見ると上下が逆の像（イ）が見える。

❹(3) Yは350 km伝わるのに100秒かかるので，S波の速さは，

$$\frac{350\ km}{100\ s}=3.5\ km/s$$

77 世界の姿

❶(1) A ユーラシア
B オーストラリア
X 大西　Y 太平
(2) オセアニア
(3) ア

▶解説

❶(1) ユーラシア大陸，アフリカ大陸，北アメリカ大陸，南アメリカ大陸，オーストラリア大陸，南極大陸をまとめて六大陸，太平洋，大西洋，インド洋をまとめて三大洋という。

(3) 緯線《いせん》や経線を利用した直線的な国境線はアフリカ州に多い。**イ**は，山脈に沿って，**ウ**は川に沿って引かれた国境線でいずれも地形を利用している。

78 緯度と経度，時差，世界地図

❶(1) ① 赤道《せきどう》　② 90
(2) ① 本初子午線《しごせん》　② 180
(3) イ
(4) ① 時差　② 15　③ 9

▶解説

❶(2) 本初子午線は，イギリスのロンドンを通る経度0度の経線。本初子午線より東を東経，西を西経で表す。

(3) **イ**正距方位図法という。**ア**は，緯線《いせん》と経線が直角に交わる地図（メルカトル図法）。昔は航海図に使われていた。**ウ**は，面積が正しい地図（モルワイデ図法）。

79 日本の姿

❶(1) 北海道，本州《ほんしゅう》（順不同）
(2) A 近畿《きんき》　B 中部
C 関東
(3) ［北端《ほくたん》の島］エ　［南端《なんたん》の島］イ
(4) ① 竹島《たけしま》　② 韓国《かんこく》

▶解説

❶(2) ②中部地方は北陸《ほくりく》と中央高地《ちゅうおうこうち》と東海《とうかい》に分けられる。また，中国・四国地方は山陰《さんいん》と瀬戸内《せとうち》と南四国《みなみしこく》に分けられる。

(3) **エ**択捉島《えとろふとう》は，北方領土と呼ばれる島々の1つ。北方領土はそのほかに，国後島《くなしりとう》・色丹島《しこたんとう》・歯舞群島《はぼまいぐんとう》がある。すべて日本固有の領土だがロシアが不法に占拠《せんきょ》を続け，日本は返還《へんかん》を求めている。

(4) 尖閣《せんかく》諸島は沖縄県に属する。中国などが領有権を主張している。

80 世界各地の人々の生活と環境

❶(1) ① イスラム
② ヒンドゥー
(2) ① エ　② ア　③ イ
(3) ① アンデス　② アルパカ

▶解説

❶(1) キリスト教・イスラム教・仏教を合わせて三大宗教（世界宗教）という。

(2) 熱帯は熱帯雨林気候とサバナ気候，乾燥帯《かんそうたい》は砂漠《さばく》気候とステップ気候，温帯は西岸海洋性《せいがんかいようせい》気候と地中海《ちちゅうかい》性気候，日本の大部分が属する温暖湿潤《おんだんしつじゅん》気候がある。

81　世界の諸地域　アジア

❶(1) ① ア　② イ　③ エ
(2) ウ
(3) プランテーション

▶解説

❶(1) ①アメリカ合衆国と標準時が約半日ずれているインドは，アメリカ合衆国が夜の間にアメリカ合衆国の企業《きぎょう》の仕事を請《う》け負うことで，ICT関連産業が大きく成長した。**ウ**のタイは東南アジアの国。タイはインドシナ半島の中央にあり，国民の大多数が仏教徒。
(2) 東南アジアでは，1年に2回米をつくる二期作《にきさく》が行われている。

82　世界の諸地域　ヨーロッパ

❶(1) フィヨルド
(2) ① 北大西洋　② 暖流
(3) EU　(4) イ

▶解説

❶(1) フィヨルドはスカンディナビア半島の西部のほか，ニュージーランドなど高緯度《こういど》地域にみられる。
(2) ①②暖流の北大西洋海流の上を吹く偏西風《へんせいふう》の影響《えいきょう》で，ヨーロッパは緯度が高いわりに温暖な気候である。
(3) ヨーロッパ連合の略称《りゃくしょう》。
(4) **ア**は，アルプス山脈より北側の地域で行われている，小麦などの穀物と飼料作物の栽培《さいばい》と，牛や豚《ぶた》などの家畜《かちく》の飼育を組み合わせた農業。**ウ**は，アメリカ合衆国でみられる農業。

83　世界の諸地域　アフリカ

❶(1) ① サハラ　② ナイル
(2) カカオ（豆）
(3) モノカルチャー
(4) イ

▶解説

❶(1) ①サハラ砂漠《さばく》の面積は，日本の国土面積の約24倍。②ナイル川流域では古代にエジプト文明が繁栄《はんえい》した。
(2) カカオ豆はチョコレートの原料。
(3) モノカルチャー経済の国では，農作物の不作や鉱産資源の国際価格の下落などによって大きな損失を受けるため，経済《けいざい》が不安定になりやすい。

84　世界の諸地域　北アメリカ

❶(1) ウ　(2) イ
(3) ① サンベルト
② シリコンバレー

▶解説

❶(1) **ア**は，南アメリカのラプラタ川流域に広がる大草原。**イ**のタイガは，シベリアなどが属する冷帯（亜《あ》寒帯）の地域にみられる広大な針葉樹《しんようじゅ》の森林。
(2) バイオ燃料（バイオエタノール）の原料は，さとうきびやとうもろこしなどの植物。ブラジルでは，さとうきびを原料とするバイオ燃料で走る自動車が普及《ふきゅう》している。
(3) ②シリコンアイランドは，日本の九州を指した言葉。1970年代にIC（集積回路）関連工場が急増した。

85 世界の諸地域　南アメリカ

❶(1) アンデス
(2) パンパ　(3) ① アマゾン
② 焼畑農業　(4) イ

▶解説

❶(1) アンデス山脈の高地に位置するペルーのクスコなどは，赤道に近いが熱帯ではなく，気温が低くて日差しが強い高山《こうざん》気候である。
(2) パンパは温帯に属し，小麦やとうもろこしの栽培《さいばい》，肉牛や羊の飼育がさかん。
(4) ブラジルは近年，大豆やさとうきび，鶏肉《とりにく》，牛肉などの生産も増えている。

86 世界の諸地域　オセアニア

❶(1) ［オーストラリア］ウ
［ニュージーランド］ア
(2) ① 北西部　② 東部
③ 鉄鉱石
(3) 白豪《はくごう》

▶解説

❶(1) **エ**のメスチーソ（メスチソ）は，ラテンアメリカ（メキシコ以南の地域）の先住民とヨーロッパ系の人々（白人）との混血とその子孫。
(2) オーストラリアの鉱産資源は「北西部で鉄鉱石」，「東部（北東部と南東部）で石炭」と覚える。
(3) 白豪主義は1970年代に廃止《はいし》され，現在，オーストラリアは多文化社会を目指している。

87 日本の自然環境

❶(1) 山地　(2) 日本アルプス
(3) ① 扇状地《せんじょうち》　② 三角州《さんかくす》
③ リアス海岸
(4) ① イ　② ウ

▶解説

❶(1) 日本は山がちな国。川は，長さが短く流れが急で，流域面積が狭《せま》い。
(2) 日本アルプスは，3000m級の険しい山々からなる。
(3) ③リアス海岸の湾内《わんない》は波がおだやかなため天然の良港が多く，養殖《ようしょく》もさかん。
(4) ①宮崎の雨温図。夏は南東の季節風の影響《えいきょう》で雨が多く，冬は晴天が多い。
②上越（高田）の雨温図。冬に雪が多い。

88 文明のおこり

❶(1) ① エジプト　② 太陽暦《れき》
(2) ① メソポタミア
② くさび形
(3) インダス
(4) 甲骨《こうこつ》

▶解説

❶古代文明は農耕に適した大河の流域でおこった。エジプト文明はナイル川流域，メソポタミア文明はチグリス（ティグリス）川・ユーフラテス川流域，インダス文明はインダス川流域，**D**の中国文明は黄河《こうが》《ホワンホー》や長江《ちょうこう》《チャンチャン》流域。文字では，エジプト文明でつくられた象形《しょうけい》文字（神聖《しんせい》文字）もおさえておく。

89 旧石器時代～弥生時代

❶(1) 旧石器時代
(2) 縄文土器《じょうもんどき》　(3) **ウ**
(4) たて穴住居《あなじゅうきょ》
(5) **イ→ウ→ア**

▶解説

❶(1) 旧石器時代の日本列島は，ユーラシア大陸と陸続きとなっていた。
(2) この土器が使われた時代を縄文時代という。
(3) 青銅器《せいどうき》は日本では主に，祭りのための宝物《ほうもつ》として使われた。
(5) **ア**は弥生《やよい》時代，**イ**は旧石器時代，**ウ**は縄文時代。**ア**は稲《いね》など，収穫《しゅうかく》したものを蓄《たくわ》えた倉庫。

90 古墳時代

❶(1) ① 大和《やまと》政権（ヤマト王権）
② 大王《おおきみ》《だいおう》
(2) 前方後円《ぜんぽうこうえん》
(3) 渡来人《とらいじん》　(4) **ウ**

▶解説

❶(1) ②大王は，7 世紀には天皇と呼ばれるようになった。
(2) 大仙古墳《だいせんこふん》(仁徳陵《にんとくりょう》古墳，大山古墳) は，5 世紀につくられた世界最大級の墓。
(3) 須恵器《すえき》というかたい土器や鉄器の製造，機織《はたお》りの技術なども伝えた。
(4) **ア**は縄文《じょうもん》時代に豊かな実りなどを祈《いの》るためにつくられたと考えられている。**イ**と**エ**は弥生《やよい》時代。

91 飛鳥時代～奈良時代

❶(1) 十七条の憲法
(2) 大化《たいか》の改新《かいしん》
(3) ① 班田収授法《はんでんしゅうじゅのほう》　② 口分田《くぶんでん》
(4) **ウ→イ→ア→エ**
(5) **ウ**

▶解説

❶(1) 冠位《かんい》十二階も聖徳太子《しょうとくたいし》（厩戸皇子《うまやどの》）が定めた。家柄《いえがら》にとらわれず，才能や功績のある人物を朝廷《ちょうてい》の役人に取り立てようとした制度。
(2) 中大兄皇子《なかのおおえのおうじ》は，のちに即位《そくい》して天智《てんじ》天皇となった。
(3) ①墾田永年私財法《こんでんえいねんしざいのほう》は，新しく開墾《かいこん》した土地の永久私有を認めた法令。
(4) **エ**は奈良時代の天皇で，都に東大寺《とうだいじ》と大仏《だいぶつ》をつくった。
(5) **イ**は聖徳太子が建てた寺で，世界最古の木造建築といわれる。

92 平安時代

❶(1) 桓武《かんむ》
(2) ① 空海《くうかい》　② 金剛峯寺《こんごうぶじ》
(3) ① 藤原道長《ふじわらのみちなが》　② 摂関《せっかん》
(4) ① **イ**　② **ア**　③ **ウ**

▶解説

❶(2)「天台宗《てんだいしゅう》を開いて比叡山《ひえいざん》(滋賀県・京都府）に延暦寺《えんりゃくじ》を建てた最澄《さいちょう》」，「真言宗《しんごんしゅう》を開いて高野山《こうやさん》（和歌山県）に金剛峯寺を建てた空海」はセットで覚える。
(4) ①は天皇の命令でつくられた。②は随筆《ずいひつ》，③は長編小説。

93 平安時代〜鎌倉時代

❶(1) 院政《いんせい》 (2) 平清盛《たいらのきよもり》
(3) 御恩《ごおん》，奉公《ほうこう》
(4) 金剛力士《こんごうりきし》
(5) エ→イ→ア→ウ

▶解説

❶(1) 院政とは，上皇《じょうこう》や上皇の住まいを「院《いん》」と呼んだことによる。
(3) 御恩は，将軍が御家人の領地を保護したり，新しい領地を与《あた》えたりすること。奉公は，御家人が将軍のために命をかけて戦うこと。
(4) 写真は東大寺《とうだいじ》南大門《なんだいもん》に収められた一対の像のうちの 1 つ。
(5) **イ**は武士独自の最初の法律。**ア**のあと生活が苦しくなった御家人を救うため，借金の帳消しを命じる**ウ**が出された。

94 室町時代

❶(1) 建武《けんむ》の新政《しんせい》
(2) ① ウ ② ア ③ イ
(3) 勘合《かんごう》 (4) 書院造《しょいんづくり》

▶解説

❶(1) 貴族を重視する政治だったため武士の不満が高まり，2 年ほどでたおれた。
(2) ①は初代将軍，②は室町幕府《むろまちばくふ》の全盛期を築いた第 3 代将軍，③は第 8 代将軍。
(3) 日明《にちみん》貿易を勘合貿易ともいう。
(4) 禅宗《ぜんしゅう》寺院の建築様式を武家の住宅に取り入れたもの。床《とこ》の間《ま》が設けられ，書や絵画，花が飾《かざ》られた。

95 まとめテスト

❶(1) イ (2) ウ (3) ア (4) エ
❷(1) A 飛騨《ひだ》 B 木曽《きそ》 C 赤石《あかいし》
❸(1) ① 古墳《こふん》 ② 飛鳥《あすか》 ③ 平安《へいあん》
(2) ④ ウ ⑤ ア ⑥ カ ⑦ オ

▶解説

❶(1) アメリカ合衆国は，多くの民族が暮らす多民族国家。ヒスパニックはメキシコや中南米から移住したスペイン語を話す人々。(2)オーストラリア大陸は大部分が乾燥帯《かんそうたい》で「乾燥大陸」とも呼ばれる。
(3) インドではデカン高原で綿花の栽培《さいばい》がさかん。
(4) アマゾン川は世界で 2 番目に長い河川で流域面積は世界最大。

❷(1) 日本アルプスは南から「赤い木が飛んだ」で，赤石《あかいし》山脈→木曽《きそ》山脈→飛騨《ひだ》山脈。

❸(1) ①古墳時代は，3 世紀後半から古墳がさかんにつくられた 6 世紀末ごろまでをいう。②飛鳥時代は，奈良盆地《ぼんち》南部の飛鳥地方に政治の中心があった時代。③平安京《へいあんきょう》に都が移されてから鎌倉《かまくら》幕府《ばくふ》が成立するまでが平安時代。
(2) ④**ウ**墾田永年私財法《こんでんえいねんしざいのほう》は，奈良時代に田を増やすために出された。⑤**ア**御成《ごせい》敗式目《ばいしきもく》（貞永《じょうえい》式目）は，鎌倉幕府の第 3 代執権《しっけん》北条泰時《ほうじょうやすとき》が定めた。⑥**カ**元《げん》は，フビライ＝ハンが改めた国号。元の大軍が 2 度にわたり九州北部に襲来《しゅうらい》したできごとを元寇《げんこう》（蒙古《もうこ》襲来）という。
⑦**オ**明《みん》は元にかわって中国を支配した国（王朝）。**エ**隋《ずい》は，聖徳太子《しょうとくたいし》が使節（遣隋使《けんずいし》）を送った中国の国（王朝）。